Day1 問題カード

右の二次元コードを
スマートフォンで読み取って面接の
シミュレーションをしてみましょう。

You have one minute to prepare.

This is a story about a boy who wanted to take swimming lessons.

You have two minutes to narrate the story.

Your story should begin with the following sentence:

One day, a boy was talking with his parents in the living room.

Day2 問題カード

You have one minute to prepare.

This is a story about a man who owned a restaurant with his wife.

You have two minutes to narrate the story.

Your story should begin with the following sentence:

One day, a man was in the office of his restaurant with his wife.

Day3 問題カード

右の二次元コードを
スマートフォンで読み取って面接の
シミュレーションをしてみましょう。

You have one minute to prepare.

This is a story about an older couple who owned a car.

You have two minutes to narrate the story.

Your story should begin with the following sentence:

One day, a couple was watching a television program.

1

It isn't safe to drive your car anymore.

Car accidents caused by elderly drivers.

2 Later that day

The low-cost taxi service for old people

3 That weekend

4 Two months later

None of the taxies are available.

Day4 問題カード

右の二次元コードを
スマートフォンで読み取って面接の
シミュレーションをしてみましょう。

You have one minute to prepare.

This is a story about a woman who wanted to work from home.

You have two minutes to narrate the story.

Your story should begin with the following sentence:

One day, a woman was at home with her husband.

Day5 問題カード

You have one minute to prepare.

This is a story about a married couple who was interested in environmental problems.

You have two minutes to narrate the story.

Your story should begin with the following sentence:

One day, a couple was in the living room.

Day6 問題カード

右の二次元コードを
スマートフォンで読み取って面接の
シミュレーションをしてみましょう。

You have one minute to prepare.

This is a story about a man who worked for a hotel on a small island.

You have two minutes to narrate the story.

Your story should begin with the following sentence:

One day, a man was talking with his coworker at the office.

1   2   3   4

Panel 1: We should do something to increase the number of customers. / The number of hotel customers

Panel 2: At a staff meeting / Build a golf course near the hotel

Panel 3: The following year

Panel 4: A few months later / Some animals have lost their homes because of the new golf course.

Day7 問題カード

右の二次元コードを
スマートフォンで読み取って面接の
シミュレーションをしてみましょう。

You have one minute to prepare.

This is a story about a man who wanted to do volunteer work.

You have two minutes to narrate the story.

Your story should begin with the following sentence:

One day, a man and his wife were surfing the Internet.

7日間完成！

英検® 準1級

二次試験
面接対策

予想問題集

Gakken

もくじ

別冊付録 ｜ 直前10分でいっき読み！ 面接合格サポートBOOK

- まずは面接の流れをおさらいしよう！
- 面接直前の不安を解消！ Q＆A
- 覚えておくと役に立つ！ 面接フレーズ集

本書の使い方

本書の Day 1〜 Day 7 の構成と利用方法は以下の通りです。
以下の 1〜3 の順序でのご利用をおすすめします。

1 『問題カード』を使って、面接のシミュレーションをしてみよう

巻頭についている『問題カード』を使用して、面接のシミュレーションをしましょう。
各カードの右上に置かれている二次元コードをスマートフォンで読み取ると、面
接官があなたに話しかけてくる動画を視聴することができます。

面接官が動画から
話しかけてくる!

YOUR TURNと出たら
あなたが解答する番!

動画では、あなたの解答のタイミングがやってくると、
「YOUR TURN」(あなたの番です。)という文字と制限時間が画面上に表示されます。
試験本番だと思って、制限時間内での解答を目指してみましょう。

2 本冊で、面接の流れを振り返ろう

本冊に収録されている Day 1〜 Day 7 には、それぞれの試験内容の解答例や解説が
書かれています。

まずは、それぞれの面接試験の流れを振り返りましょう。

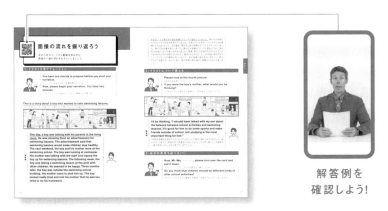

解答例を
確認しよう!

このページでは、左上の二次元コードをスマートフォンで読み取ると、
1で見た動画に沿って、解答例を確認することができます。

3 それぞれの問題を理解しよう

面接の流れを振り返った後は、面接官から聞かれた質問について、
一問ずつ理解を深めましょう。

スピーキングアイコンがついている英文のみ、アプリ『my-oto-mo(マイオトモ)』か
ら発音判定を受けることができます。
詳細はp. 006をご確認ください。

音声・発音判定について

本書の音声再生・発音判定は、アプリ『my-oto-mo（マイオトモ）』から行うことができます。

 https://gakken-ep.jp/extra/myotomo/
右の二次元コードをスマートフォンで読み取って、
ダウンロードしてください。

1 「本をさがす」から本書の音声をダウンロードしましょう。

2 書籍のダウンロードが完了すると、音声を聞くことができます。

3 スピーキングアイコンがついている英文は、発音の判定をすることができます。

4 さらに、ID登録を行うことで、自分の声を録音して聞き直すことができます。

【パソコン用】MP3音声について

パソコンから下記のURLにアクセスすると、MP3形式の音声ファイルをダウンロードすることができます。

https://gakken-ep.jp/extra/myotomo/

[注意事項]
・お客様のネット環境および携帯端末により、アプリのご利用ができない場合、当社は責任を負いかねます。ご理解・
　ご了承いただきますよう、お願いいたします。
・アプリ「my-oto-mo」のダウンロード自体は無料ですが、通信料はお客様のご負担になります。

Day 0

二次試験を知ろう

- 二次試験の内容
- 二次試験の流れ
- 英検S-CBTについて

二次試験の内容

準1級の試験時間

約8分

準1級の問題

準1級の試験では、以下のような「問題カード」を面接官から渡されます。

説明文
下の4コマのイラストのストーリー説明と、ナレーションの1文目が書かれています。

Day1 問題カード

You have one minute to prepare.

This is a story about a boy who wanted to take swimming lessons.
You have two minutes to narrate the story.

Your story should begin with the following sentence:
One day, a boy was talking with his parents in the living room.

イラスト
準1級では4コマのイラストが描かれています。人物や背景、吹き出しのセリフなどに注目しましょう。

1 | 4コマのイラストのナレーション

「問題カード」に描かれている4コマのイラストの展開を説明します。

2 | イラストについての質問

「問題カード」に描かれているイラストに関して、1問質問されます。

3 | 受験者の意見を問う質問（1）（2）

「問題カード」のトピックに関連した問題が、それぞれ1問ずつ出題されます。

4 | 受験者の意見を問う質問（3）

「問題カード」のトピックにやや関連した、社会性のある内容についての問題が、1問出題されます。

準1級（スピーキング）の合格点 　得点率68%

512点／750点（満点）

※ 英検では、国際標準規格CEFRに対応した「英検CSEスコア」で英語力を客観的に評価しています。

※ 技能（リーディング・リスニング・ライティング・スピーキング）ごとに問題数は異なりますが、問題数に関係なく、各技能にスコアを均等に配分しています。
したがって、技能ごとに1問あたりのスコアへの影響は異なります。
ただし、同じ技能の問題であれば、どの問題で正解してもスコアへの影響は同じです。

※ スコアは各回の全答案採点後、統計的手法（Item Response Theory★）を用いてスコアを算出しているため、受験者の皆さまがご自身の正答数でスコアを算出することはできません。
★ Item Response Theoryとはテストにおける受験者の応答パターンを用いて、形式や難易度が異なるテストの結果を比較するための理論です。

英検CSEスコアの詳細はこちら
https://www.eiken.or.jp/eiken/result/eiken-cse_admission.html

二次試験の流れ

1｜入室

順番がやってきたらノックをして教室に入ります。入室したら、まず面接官に対して
Hello.（こんにちは。）や
Good morning.（おはようございます。）
と笑顔で挨拶をしましょう。その後、
Can I have your card, please?
（あなたのカードをいただけますか。）
と面接官から指示されるので、
Here you are.（どうぞ。）
と言いながら「面接カード」を手渡します。

面接官に
Please have a seat.
（お座りください。）
と指示されたら、
Thank you.（ありがとうございます。）
と応じて、着席しましょう。

2｜名前と受験級の確認

着席した後、面接官に
May I have your name?
（お名前は何ですか。）
と名前を尋ねられるので、
My name is ～.（私の名前は～です。）
で答えましょう。また、そのときに
This is the Grade Pre-1 test. Okay?
（これは準1級のテストです。大丈夫ですか。）
と受験級の確認もされます。

名前と受験級の確認が終わると、

How are you?（調子はどうですか。）

などの質問（簡単な挨拶）をされる場合もあるので、落ち着いて

I'm good.（私は元気です。）

などと応じましょう。

3 ┃ ナレーションを考える

面接官から「問題カード」を1枚渡されるので、

Thank you.（ありがとうございます。）

と言って受け取りましょう。

**You have one minute to prepare
before you start your narration.**

（ナレーションを始める前の準備時間は1分です。）

と指示されたら、1分間で「問題カード」の説明文と4コマのイラストを確認し、ナレーションの内容を考えます。

4 ┃ ナレーション

1分後、

**Now, please begin your narration.
You have two minutes.**

（では、ナレーションを始めてください。
時間は2分間です。）

と指示されたら、「問題カード」に記載
されている1文目からナレーションを始めます。

ナレーションのポイントまとめ

- ☐ 左から順に1コマずつ、登場人物の行動や状況、文字情報を説明する。
- ☐ 登場人物の表情から、感情を描写する。
- ☐ 「時」や「場所」を示す語句があるときは、場面が切り替わったことが分かるように、そうした語句から文を始める。
- ☐ 吹き出しのセリフは間接話法を使って説明する。

5 ｜ 質 問 に 答 える

ナレーションが終わると、イラストや「問題カード」のトピックに関連した質問がされます。

1 ｜ イラストについての質問

「問題カード」に描かれているイラストに関して、1問質問されます。

解答のポイントまとめ

- ☐ 4枚目のイラストに注目し、表情などから登場人物の気持ちを読み取る。
- ☐ 登場人物と自分を置き換えて、自分だったらどう思うかを考える。
- ☐ If you were 〜, what would you be thinking? などと仮定法で質問されたら、質問に合わせて I'd be thinking で解答を始める。

2 ｜ 受験者の意見を問う質問 (1) (2)

イラストに関する質問が終わると、

Please turn over the card and put it down.
(カードを裏返して置いてください。)
と指示されます。

その後、受験者(あなた)の意見を問う質問が2つされます。「問題カード」を用いた質問ではないですが、多くの場合、カードのトピックに関連した話題が問われます。

解答のポイントまとめ

- ☐ Do you think ...? や Should ...? といった質問に対しては、最初に Yes か No で自分の意見を明確にする。
- ☐ 意見を裏付ける理由を2文程度で説明する。
- ☐ For example(例えば)や Also(また)、In addition(さらに)といった表現を使って、論理的に説明する。

3 │ 受験者の意見を問う質問（3）

面接官が提示する話題に関して、受験者（あなた）の意見を問う問題が、1問出題されます。「問題カード」を用いた問題ではないですが、多くの場合、カードのトピックにやや関連した、社会性のある内容が問われます。

解答のポイントまとめ

- ☐ 面接官の質問は、話題の導入文（1文目）と、問われている内容（2文目）を聞き分ける。
- ☐ Do you think ...? や Should ...? などの質問に合わせて、最初に Yes か No で自分の意見を明確にし、その後に理由を2文程度で説明する。
- ☐ For example（例えば）や Also（また）、In addition（さらに）といった表現を使って、論理的に説明する。

6 │ 問題カードの返却

質問が終わると、面接官から

May I have the card back, please?
（カードを返していただけますか。）
と「問題カード」を返すように指示されます。

Here you are.（どうぞ。）
などと言って「問題カード」を返却しましょう。
退室を指示されたら、

Thank you very much.（ありがとうございました。）
などとお礼を述べ、

Goodbye.（さようなら。）
と別れの挨拶をしてから退室しましょう。

英検S-CBTについて

英検S-CBTとは？

英検(従来型)は一次試験、二次試験と2日間の試験ですが、英検S-CBTでは、スピーキング、リスニング、リーディング、ライティングを1日で測ることができます。英検(従来型)との併願も可能で、原則毎週実施されている試験です。

(*級や地域により毎週実施でない場合があります。)

※英検S-CBTは、英検(従来型)と同様の級・スコアとして扱われます。

実施方法

【スピーキング】
ヘッドセットを装着し解答を録音する吹込み式です。

【リーディング・リスニング】
PC(コンピューター)画面上でマウス操作することで解答します。

【ライティング】
申込手続の際に以下の2つの解答方式から選択することができます。

筆記型：PC画面の問題を読み、手書きで解答用紙に記入します。

タイピング型：PC画面の問題を読み、キーボードで入力します。

実施級

準1級、2級、準2級、3級　※1級、4級、5級を受験希望の方は、英検(従来型)でご受験ください。

受験対象者

各級とも年齢・職業・学歴などは問いません。

ただし、PCの基本的な操作(マウスクリック等)ができることが必要です。

※11歳未満の年少者が受験する場合は、保護者が英検S-CBT受験規約および英検ウェブサイト上の受験上の案内や注意事項を確認のうえ、受験が可能かどうかを判断してお申し込みください。

英検S-CBTの詳細・お申し込みはこちらから
https://www.eiken.or.jp/s-cbt/

Day 1

Balancing of Study and After School Activities
（学業と放課後の活動の両立）

Day1 問題カード

You have one minute to prepare.

This is a story about a boy who wanted to take swimming lessons.
You have two minutes to narrate the story.

Your story should begin with the following sentence:
One day, a boy was talking with his parents in the living room.

面接の流れを振り返ろう

左の二次元コードから動画を見ながら、
面接の一連の流れをおさらいしましょう。

左の二次元コードから動画を見ながら、

1｜イラストを見てナレーション

You have one minute to prepare before you start your narration.
ナレーションを始める前の準備時間は1分です。
Now, please begin your narration. You have two minutes.
では、ナレーションを始めてください。時間は2分間です。

This is a story about a boy who wanted to take swimming lessons.
これは水泳のレッスンを受けたいと思っていた男の子についての話です。

解答例

One day, a boy was talking with his parents in the living room. He was showing them an advertisement for swimming lessons. The advertisement said that swimming lessons would make children stay healthy. The next weekend, the boy and his mother were at the swimming school. The boy was looking at swimwear. His mother was talking with the staff and signed the boy up for swimming lessons. The following week, the boy was taking a swimming lesson at the pool with other children. He seemed to be happy. Three months later, the boy was outside the swimming school building. His mother came to pick him up. The boy looked really tired and told his mother that he was too tired to do his homework.

ある日、1人の男の子が彼の両親とリビングで話をしていました。男の子は両親に水泳のレッスンの広告を見せていました。広告には、水泳のレッスンが子どもを健康にするとありました。次の週末、男の子と彼の母親はスイミングスクールにいました。男の子は水着を見ていました。男の子の母親はスタッフと話をしており、男の子の水泳レッスンの申し込みをしました。翌週、男の子は他の子どもたちとプールで水泳のレッスンを受けていました。彼はうれしそうでした。3カ月後、男の子はスイミングスクールの建物の外にいました。彼の母親が彼を迎えに来ました。男の子はとても疲れているように見え、彼の母親に疲れ過ぎて宿題ができないと言いました。

2 | イラストについて答える

Please look at the fourth picture.
4枚目の絵を見てください。
If you were the boy's mother, what would you be thinking?
もしあなたがこの男の子の母親なら、何を考えているでしょうか。

解答例

I'd be thinking, "I should have talked with my son about the balance between school activities and swimming lessons. It's good for him to do some sports and make friends outside of school, but studying is the most important thing for him."
「学校の活動と水泳のレッスンのバランスについて息子と話しておくべきだった。彼がスポーツをして、学校の外で友達をつくることはいいことだが、彼にとって勉強が一番大切なことだ」と私は考えているでしょう。

3 | 自分の意見を述べる（1）

Now, Mr./Ms. —— ——, please turn over the card and put it down.
では、—— —— さん、カードを裏返して置いてください。
Do you think that children should do different kinds of after school activities?
子どもたちはさまざまな種類の放課後の活動をするべきだと思いますか。

（※Noの解答例はp.023参照）

Yes. It would help children be creative to do different kinds of after school activities. Also, children can acquire different skills and become more confident in themselves.

はい。さまざまな種類の放課後の活動をすることは、子どもたちを創造的にします。また、子どもたちはさまざまなスキルを獲得してより自信を持つことができるようになります。

4 | 自分の意見を述べる（2）

Should children be encouraged to watch less TV and read more books?

子どもたちに、テレビを見るのを減らし、もっと読書をするよう促すべきでしょうか。

（※Yesの解答例はp.024参照）

No. Although children can certainly learn many things by reading books, TV programs also give children a lot of information and interesting perspectives. Also, with TV, children can obtain information faster.

いいえ。子どもたちは確かに本を読んで多くのことを学ぶことができますが、テレビ番組もまた子どもたちに多くの情報と興味深い観点を与えます。また、テレビを使えば、子どもたちは情報をより早く入手することができます。

5 | 自分の意見を述べる（3）

The voting rate for national elections in Japan is lower than that of many other countries. Do you think that the voting age should be lowered?

日本での国政選挙の投票率は、他の多くの国よりも低いです。選挙権年齢は引き下げられるべきだと思いますか。

（※Noの解答例はp.026参照）

Yes. Lowering the voting age definitely increases interest in politics among young people. Also, it's good to have younger people's opinions reflected in politics.

はい。選挙権年齢の引き下げは、確実に若者の政治に対する関心を高めます。また、若者の意見を政治に反映してもらうことはいいことです。

それぞれの問題を理解しよう

問題ひとつひとつの理解を深めましょう。🎤スピーキングアイコンがついている箇所は、アプリ「my-oto-mo」で発音判定ができます。

1 | イラストを見てナレーション

This is a story about a boy who wanted to take swimming lessons.

これは水泳のレッスンを受けたいと思っていた男の子についての話です。

最初のコマで、男の子は水泳のイラストが描かれたポスターを手に持っているね。男の子の表情の変化にも注目しよう。

You have one minute to prepare before you start your narration. ナレーションを始める前の準備時間は1分です。

Now, please begin your narration. You have two minutes. では、ナレーションを始めてください。時間は2分間です。

解答例 🎤

One day, a boy was talking with his parents in the living room. He was showing them an advertisement for swimming lessons. The advertisement said that swimming lessons would make children stay healthy. The next weekend, the boy and his mother were at the swimming school. The boy was looking at swimwear. His mother was talking with the staff and signed the boy up for swimming lessons. The following week, the boy was taking a swimming lesson at the pool with other children. He seemed to be happy. Three months later, the boy was outside the swimming school building. His mother came to pick him up. The boy looked really tired and told his mother that he was too tired to do his homework.

> ある日、1人の男の子が彼の両親とリビングで話をしていました。男の子は両親に水泳のレッスンの広告を見せていました。広告には、水泳のレッスンが子どもを健康にするとありました。次の週末、男の子と彼の母親はスイミングスクールにいました。男の子は水着を見ていました。男の子の母親はスタッフと話をしており、男の子の水泳レッスンの申し込みをしました。翌週、男の子は他の子どもたちとプールで水泳のレッスンを受けていました。彼はうれしそうでした。3カ月後、男の子はスイミングスクールの建物の外にいました。彼の母親が彼を迎えに来ました。男の子はとても疲れているように見え、彼の母親に疲れ過ぎて宿題ができないと言いました。

☐ **advertisement** — 広告　☐ **stay healthy** — 健康を維持する　☐ **swimwear** — 水着
☐ **sign _A_ up for _B_** — AをBに入会させる　☐ **seem to be 〜** — 〜のように見える
☐ **outside** — 〜の外に　☐ **pick 〜 up** — 〜を(車で)迎えに行く
☐ **do _one's_ homework** — 宿題をする

**解答の
ポイント**

まず、問題カードに記載されている説明文とナレーションの1文目に目を通し、ストーリーの登場人物とその関係を素早く読み取りましょう。水泳のレッスンを受けたいと思っている男の子とその両親の会話からストーリーが展開していきます。

1コマ目

登場人物の行動や状況、文字情報を説明しましょう。男の子は両親に水泳教室の広告を見せています。その広告の内容は、間接話法 _A_ said that 〜.「Aには〜と(書いて)ありました」の形を使って「広告には、水泳のレッスンが子どもを健康にするとありました」と表現します。

2コマ目

左上の The next weekend から、「次の週末」に場面が変わったことが分かります。右上の ABC Swimming Pool という文字情報から、母親と男の子がスイミングスクールにいることが読み取れます。子どもが水着を選んでいる様子は look at 〜「〜を見る」という表現で描写できますね。一方、母親がカウンターで水泳レッスンの申し込みをしている様子は、sign _A_ up for _B_「AをBに入会させる」という表現を使って描写します。

3コマ目

左上のThe following weekから、「翌週」のスイミングスクールに場面が変わったことが分かります。実際にレッスンを受けている様子だけではなく、表情から男の子の感情を読み取り、描写します。解答例ではseem to be 〜「〜のように見える」という表現を使って、男の子のうれしそうな様子をHe seemed to be happy. と説明しています。また、動詞enjoyを使えば、He was enjoying the lesson.「彼はレッスンを楽しんでいました」とすることもできます。

4コマ目

4枚目のイラストには話の結末が示されているため、登場人物の表情や吹き出しのセリフに注意して描写をします。まず、Three months later「3カ月後」であることを示してから、状況を描写します。その後、男の子のセリフを間接話法A told B that 〜.「AはBに〜と言いました」を使って、The boy ... told his mother that he was too tired to do his homework. と述べています。

Please look at the fourth picture.
4枚目の絵を見てください。

If you were the boy's mother, what would you be thinking?
もしあなたがこの男の子の母親なら、何を考えているでしょうか。

解答例 🎤

I'd be thinking, "I should have talked with my son about the balance between school activities and swimming lessons. It's good for him to do some sports and make friends outside of school, but studying is the most important thing for him."
「学校の活動と水泳のレッスンのバランスについて息子と話しておくべきだった。彼がスポーツをして、学校の外で友達をつくることはいいことだが、彼にとって勉強が一番大切なことだ」と私は考えているでしょう。

□ **balance** — バランス　□ **make a friend** — 友達をつくる　□ **outside of ～** — ～の外に

解答の
ポイント　質問がwhat would you be thinking?なので、それに合わせてI'd be thinkingで文を始めます。解答例では「～すべきだった（のにしなかった）」という意味になる〈should have＋過去分詞〉を使って、学校の活動と水泳のレッスンのバランスについて息子と話しておくべきだったと反省の気持ちを表しています。続けて、スポーツをすることや友達をつくることの大切さも述べながら、studying is the most important thing for him「彼にとって勉強が一番大切なことだ」と母親の立場を想像して述べています。

3 | 自分の意見を述べる（1）

Now, Mr./Ms. —— ——, please turn over the card and put it down.
では、—— —— さん、カードを裏返して置いてください。
Do you think that children should do different kinds of after school activities?
子どもたちはさまざまな種類の放課後の活動をするべきだと思いますか。

Yes.（はい）の場合

解答例

Yes. It would help children be creative to do different kinds of after school activities. Also, children can acquire different skills and become more confident in themselves.
はい。さまざまな種類の放課後の活動をすることは、子どもたちを創造的にします。また、子どもたちはさまざまなスキルを獲得してより自信を持つことができるようになります。

No.（いいえ）の場合

解答例

No. Because children are too busy with their school lives, it would be tough for them to have more things to do. Doing those activities would also affect their families' budgets.
いいえ。子どもたちは学校生活で忙し過ぎるので、彼らのやるべきことが増えるのは大変です。また、そのような活動は家計にも影響を与えます。

□ **different kinds of ~** ── さまざまな種類の~　□ **creative** ── 創造的な
□ **acquire** ── ~を獲得する　□ **confident** ── 自信のある　□ **tough** ── 困難な、難しい
□ **affect** ── ~に影響を与える　□ **family's budget** ── 家計

「子どもたちはさまざまな種類の放課後の活動をするべきだと思うか」という質問です。
Do you think 〜?「あなたは〜だと思いますか」と意見を尋ねられているので、最初
に Yes (, I do). か No (, I don't). で自分の意見を明確にしてから、その理由を続けます。
「するべきだと思う」と主張する Yes. の解答例では、創造性を養い、スキルを得ることで自信
が持てるようになると、放課後の活動の利点を挙げて賛成の理由を説明しています。
「するべきだと思わない」と主張する No. の解答例では、子どもたちの忙しさと、金銭的な負
担の2つを理由として挙げています。affect a family's budget は「家計に影響を与える」と
いう意味で、覚えておくと便利な表現です。

4 ｜ 自分の意見を述べる（2）

Should children be encouraged to watch less TV and read more books?

子どもたちに、テレビを見るのを減らし、もっと読書をするよう促すべきでしょうか。

Yes.（はい）の場合

解答例

Yes. Children should be encouraged to read many books while they are young. This is because reading books lets children's imaginations grow richer and stronger than by watching TV.

はい。子どもたちは小さいうちに多くの本を読むように促されるべきです。それは
なぜかと言うと、読書はテレビを見ることに比べて、子どもたちの想像力を豊かで強
いものにしてくれるからです。

No.（いいえ）の場合

解答例

No. Although children can certainly learn many things by reading books, TV programs also give children a lot of information and interesting perspectives. Also, with TV, children can obtain information faster.

いいえ。子どもたちは確かに本を読んで多くのことを学ぶことができますが、テレビ
番組もまた子どもたちに多くの情報と興味深い観点を与えます。また、テレビを使
えば、子どもたちは情報をより早く入手することができます。

□ **encourage A to do** ── Aが〜するように促す　□ **imagination** ── 想像力
□ **grow** ── 〜（の状態）になる　□ **rich** ── 豊かな　□ **certainly** ── 確かに
□ **perspective** ── 観点　□ **obtain** ── 〜を得る

解答の
ポイント　面接官は、「子どもたちに、テレビを見るのを減らし、もっと読書をするよう促すべき
か」を尋ねています。最初にYes.かNo.で自分の意見を明確にしてから、その理由を
続けます。

Yes.の解答例では、小さいうちに多くの本を読むように促すべきだと述べています。次の文
ではその理由を、This is because「それはなぜかと言うと」に続けて、想像力を豊かで強いも
のにするからだと説明しています。

No.の解答例では、読書で多くのことを学べると肯定したうえで、テレビも多くの情報を与え
てくれると、テレビの利点を挙げています。さらに、Also「また」を使い、より早く情報が入手
できるというテレビならではの利点を追加して、反対意見の理由を補強しています。

5 ｜ 自 分 の 意 見 を 述 べ る （ 3 ）

The voting rate for national elections in Japan is lower than that of many other countries. Do you think that the voting age should be lowered?

日本での国政選挙の投票率は、他の多くの国よりも低いです。選挙権年齢は引き
下げられるべきだと思いますか。

Yes.（はい）の場合

 解答例

Yes. Lowering the voting age definitely increases interest in politics among young people. Also, it's good to have younger people's opinions reflected in politics.

はい。選挙権年齢の引き下げは、確実に若者の政治に対する関心を高めます。ま
た、若者の意見を政治に反映してもらうことはいいことです。

No.（いいえ）の場合

解答例 🎤

> **No. I don't think many young people have much interest in and knowledge of politics, so it's not good to have them vote. Instead, information sessions or classes where young people can learn more about politics should be increased.**
>
> いいえ。私は多くの若者が政治に対して高い関心や知識を持っているとは思わないので、彼らに投票させるのはいいことだと思いません。代わりに、若者が政治についてもっと学ぶことができる説明会や授業を増やすべきです。

□ **voting rate** ── 投票率　□ **voting age** ── 選挙権年齢　□ **lower** ── 〜を下げる
□ **definitely** ── 確実に　□ **politics** ── 政治　□ **reflect** ── 〜を反映する
□ **knowledge** ── 知識　□ **vote** ── 投票する　□ **information session** ── 説明会

**解答の
ポイント**

面接官は、「選挙権年齢は引き下げられるべきだと思うか」を尋ねています。Do you think 〜?「あなたは〜だと思いますか」と意見を聞かれているので、最初にYes(, I do). か No(, I don't). で自分の意見を明確にしてから、その理由を続けます。

Yes. の解答例では、選挙権年齢引き下げが increases interest in politics「政治への関心を高める」と、その理由を示しています。その後、Also「また」という表現を使い、若者の意見が政治に反映されることがいいことだと、2つ目の理由を追加しています。have A done「Aを〜してもらう」という表現を使って、have younger people's opinions reflected in politics「若者の意見を政治に反映してもらう」と表現しています。

No. の解答例では、若者の政治への無関心と無知という問題点を挙げて、投票させるのはいいことではないと述べています。続けて、Instead「代わりに」を使い、その改善策として政治に関する説明会などを増やすべきだと具体的な案を提示しています。

Day 2

Work-Life Balance
（ワークライフバランス）

Day2 問題カード

You have one minute to prepare.

This is a story about a man who owned a restaurant with his wife.
You have two minutes to narrate the story.

Your story should begin with the following sentence:
One day, a man was in the office of his restaurant with his wife.

面接の流れを振り返ろう

左の二次元コードから動画を見ながら、
面接の一連の流れをおさらいしましょう。

1 | イラストを見てナレーション

You have one minute to prepare before you start your narration.
ナレーションを始める前の準備時間は1分です。

Now, please begin your narration. You have two minutes.
では、ナレーションを始めてください。時間は2分間です。

This is a story about a man who owned a restaurant with his wife.
これは妻と一緒にレストランを所有していた男性についての話です。

解答例

<u>One day, a man was in the office of his restaurant with his wife.</u> The man's wife was showing him a graph that said the sales figures were going down, and she told him that they needed to do something. Later that day, he was talking to his wife about ideas to increase the sales figures. One idea was to work longer hours and the other was to distribute 10% discount coupons. They thought distributing coupons was the better idea. Two weeks later, many customers started coming to the restaurant, and the couple were working hard. The man was hoping that the sales figures would increase. One month later, the man and his wife were sitting at the desk. They looked exhausted and sleepy. She looked concerned as she told him that they were working too much.

ある日、1人の男性が妻と一緒に自分のレストランの事務室にいました。男性の妻は彼に売り上げが落ちていることを示すグラフを見せて、何かする必要があると言いました。その日の後になって、彼は妻に、売り上げを増やす案について話していました。1つの案はより長い時間働くことで、もう1つの案は10%引きのクーポンを配布することでした。彼らはクーポンを配布する方がいい案だと思いました。2週間後、多くの客がレストランに来店し始め、夫婦は一生懸命働きました。男性は売り上げが伸びることを期待していました。1カ月後、男性と彼の妻は机に向かっていました。彼らはとても疲れていて眠そうに見えました。彼女は心配そうな様子で、自分たちが働き過ぎていると彼に言いました。

2 | イラストについて答える

Please look at the fourth picture.
4枚目の絵を見てください。
If you were the man, what would you be thinking?
もしあなたがこの男性なら、何を考えているでしょうか。

解答例

I'd be thinking, "It's good to have many customers coming to our restaurant, but we are no longer able to run the business alone. Maybe, we need to hire some part-time staff at least during lunchtime."

「たくさんの客がレストランに来ることはいいことだが、自分たちだけで営業を続けることはもうできない。せめてランチタイムだけでもパートタイムのスタッフを雇う必要があるかもしれない」と私は考えているでしょう。

3 | 自分の意見を述べる（1）

Now, Mr./Ms. ―― ――, please turn over the card and put it down.
では、―― ―― さん、カードを裏返して置いてください。
Do you think that people nowadays work too much?
現代の人たちは働き過ぎだと思いますか。

（※ Yes の解答例は p.035 参照）

解答例

No. I think working a lot is necessary for people to grow faster. Also, if people get results by working hard, they can gain satisfaction and confidence.

いいえ。私は、人々がより早く成長するためには、たくさん働くことが必要だと思います。また、人々が一生懸命に働いて結果を出せば、満足感と自信を得ることができます。

4 | 自分の意見を述べる（2）

Do you think that new technology such as e-mail has made us busier than before?

Eメールなどの新技術は私たちを以前より忙しくしていると思いますか。

（※ No の解答例は p.036 参照）

解答例

Yes. Innovations can have a huge impact on our lives. E-mail etiquette often requires us to send a response within 24 hours. Managing this constant demand often involves multitasking, so it has made us busier than before.

はい。イノベーションは私たちの生活に非常に大きな影響を与えることがあります。Eメールのエチケットでは、24時間以内の返信が求められることもよくあります。この要求に常に応えるにはマルチタスクが必要になることが多いので、それが私たちを以前より忙しくしています。

5 | 自分の意見を述べる（3）

It is said that the number of foreigners who visit Japan will increase in the future. Should people in Japan learn more about foreign cultures?

将来、日本を訪れる外国人の数は増えるだろうと言われています。日本の人々は外国の文化についてもっと学ぶべきでしょうか。

（※ Yes の解答例は p.037 参照）

解答例

No. I think people in Japan nowadays put too much focus on foreign cultures and because of this, people have started to care less about their own culture. We need to learn more about our domestic culture before promoting the awareness of foreign cultures.

いいえ。私は、近ごろ日本の人々は外国文化に注目し過ぎていて、そのため、自分たちの文化にあまり関心を持たなくなってきたと思います。私たちは、外国文化に対する意識を高める前に、国内の文化についてもっと学ぶ必要があります。

それぞれの問題を理解しよう

問題ひとつひとつの理解を深めましょう。🎤スピーキングアイコンがついている箇所は、アプリ「my-oto-mo」で発音判定ができます。

1 | イラストを見てナレーション

This is a story about a man who owned a restaurant with his wife.

これは妻と一緒にレストランを所有していた男性についての話です。

女性が手に持っているグラフや、丸で囲まれている文字に注目しよう。4コマ目では、2人とも何やら浮かない表情をしているね。

You have one minute to prepare before you start your narration. ナレーションを始める前の準備時間は1分です。
Now, please begin your narration. You have two minutes. では、ナレーションを始めてください。時間は2分間です。

解答例

One day, a man was in the office of his restaurant with his wife. The man's wife was showing him a graph that said the sales figures were going down, and she told him that they needed to do something. Later that day, he was talking to his wife about ideas to increase the sales figures. One idea was to work longer hours and the other was to distribute 10% discount coupons. They thought distributing coupons was the better idea. Two weeks later, many customers started coming to the restaurant, and the couple were working hard. The man was hoping that the sales figures would increase. One month later, the man and his wife were sitting at the desk. They looked exhausted and sleepy. She looked concerned as she told him that they were working too much.

ある日、1人の男性が妻と一緒に自分のレストランの事務室にいました。男性の妻は彼に売り上げが落ちていることを示すグラフを見せて、何かする必要があると言いました。その日の後になって、彼は妻に、売り上げを増やす案について話していました。1つの案はより長い時間働くことで、もう1つの案は10%引きのクーポンを配布することでした。彼らはクーポンを配布する方がいい案だと思いました。2週間後、多くの客がレストランに来店し始め、夫婦は一生懸命働きました。男性は売り上げが伸びることを期待していました。1カ月後、男性と彼の妻は机に向かっていました。彼らはとても疲れていて眠そうに見えました。彼女は心配そうな様子で、自分たちが働き過ぎていると彼に言いました。

□ **sales figures** — 売上高　□ **distribute** — 〜を配布する
□ **discount coupon** — 割引クーポン　□ **exhausted** — 疲れ切った
□ **concerned** — 心配している

解答の ポイント　問題カードに記載されている説明文とナレーションの1文目から、登場人物はレストランを所有している男性とその妻で、2人がレストランの事務所にいる場面からストーリーが始まっていることを読み取りましょう。

1コマ目

登場人物の行動や状況と、文字で示されているグラフやセリフの内容を説明しましょう。妻が男性にグラフを見せている様子を show *A B*「AにBを見せる」を使って描写します。グラフの内容は a graph に続けて、関係代名詞 that と動詞 say「〜を示す」を使って説明することができます。妻のセリフは間接話法 tell *A* that 〜「Aに〜と言う」で描写します。代名詞を we から they、時制を過去形に変えることに注意が必要です。

2コマ目

Later that day から、場面が変わったことが分かります。妻に売り上げを増やすための案を話しているという男性の行動を描写してから、その内容について述べましょう。イラストから男性の案は2つあると分かるので、One idea was 〜 and the other was ....のように、one「1つは」と the other「(2つのうちの)もう1つは」を使って説明します。2つの案の1つが丸で囲まれているので、2人はそちらの方がいい案だと思っていることにも言及しましょう。

3コマ目

Two weeks later「2週間後」のレストランの店内の様子と、2人の行動を描写します。解答例ではmany customers started coming to the restaurant と述べていますが、the restaurant was crowded with many customersと言うこともできます。吹き出しの中の男性が考えていることについては、The man was hoping that 〜.「男性は〜と期待していました」と描写できます。時制の一致のため、that節内の未来を表す助動詞 will がwouldになることに注意が必要です。

4コマ目

One month later から1カ月後の場面と分かります。登場人物の状況を説明してから、彼らの表情やセリフなどから読み取れることを述べましょう。look「〜のように見える」に形容詞を続けて、登場人物の様子を描写しています。妻の吹き出しのセリフは、間接話法 tell A that 〜「Aに〜と言う」を使って表します。

2 | イラストについて答える

Please look at the fourth picture.
4枚目の絵を見てください。
If you were the man, what would you be thinking?
もしあなたがこの男性なら、何を考えているでしょうか。

解答例 🎙

I'd be thinking, "It's good to have many customers coming to our restaurant, but we are no longer able to run the business alone. Maybe, we need to hire some part-time staff at least during lunchtime."

「たくさんの客がレストランに来ることはいいことだが、自分たちだけで営業を続けることはもうできない。せめてランチタイムだけでもパートタイムのスタッフを雇う必要があるかもしれない」と私は考えているでしょう。

□ **no longer** — もはや〜ない　□ **run** — 〜を経営する　□ **alone** — 独力で　□ **hire** — 〜を雇う
□ **part-time** — パートタイムの　□ **at least** — 少なくとも　□ **lunchtime** — ランチタイム

解答の
ポイント

what would you be thinking? という質問なので、それに合わせて I'd be thinking で答え始めます。解答例ではまず、It's good to have many customers coming to our restaurant と、客足が増えたのはいいことだと述べています。その一方で、逆接の接続詞 but「〜だが」に続く部分では、we are no longer able to run the business alone と問題点を述べています。忙しさのあまり、夫婦だけでは営業は継続できない、という点です。この問題点に対し、続く文では「パートタイムのスタッフを雇う」と具体的な対策を提示しています。

3 | 自分の意見を述べる（1）

Now, Mr./Ms. —— ——, please turn over the card and put it down.
では、—— ——さん、カードを裏返して置いてください。

Do you think that people nowadays work too much?
現代の人たちは働き過ぎだと思いますか。

Yes.（はい）の場合

解答例

Yes. Most people have to work really hard just to live. Looking at my parents, they both work very hard to support our family, and they can't afford to enjoy other things.
はい。ほとんどの人々は生活するためだけでも本当に一生懸命に働かなくてはなりません。私の両親を見ていると、2人は家族を養うために非常に一生懸命に働いていて、他のことを楽しむ余裕がありません。

No.（いいえ）の場合

解答例

No. I think working a lot is necessary for people to grow faster. Also, if people get results by working hard, they can gain satisfaction and confidence.
いいえ。私は、人々がより早く成長するためには、たくさん働くことが必要だと思います。また、人々が一生懸命に働いて結果を出せば、満足感と自信を得ることができます。

□ **afford to** *do* —— 〜する余裕がある　□ **gain** —— 〜を得る　□ **satisfaction** —— 満足感
□ **confidence** —— 自信

解答の ポイント

「現代の人たちは働き過ぎだと思うか」という質問です。最初に Yes (, I do). か No (, I don't). で自分の意見を明確にしてから、その理由を続けます。

Yes. の解答例では、Most people have to work really hard just to live. と、ほとんどの人々が生活をするためだけに一生懸命働かなくてはならない現状を述べています。続く文では、自分の両親のことを具体例として挙げています。can't afford to *do*「〜する余裕がない」という表現を使い、彼らが他のことを楽しむ余裕がないことを伝えています。

No.の解答例では、まず1つ目の理由として、working a lot is necessary for people to grow fasterという点を挙げています。necessary for A to doで「Aが〜するために必要な」という意味です。その後、満足感と自信を得ることができる点を、2つ目の理由として追加で述べています。if people get results by working hard, they can gain satisfaction and confidenceのifは、「もし〜ならば」という意味を表す仮定の接続詞です。

4 | 自分の意見を述べる（2）

Do you think that new technology such as e-mail has made us busier than before?

Eメールなどの新技術は私たちを以前より忙しくしていると思いますか。

Yes.（はい）の場合

解答例

Yes. Innovations can have a huge impact on our lives. E-mail etiquette often requires us to send a response within 24 hours. Managing this constant demand often involves multitasking, so it has made us busier than before.

はい。イノベーションは私たちの生活に非常に大きな影響を与えることがあります。Eメールのエチケットでは、24時間以内の返信が求められることもよくあります。この要求に常に応えるにはマルチタスクが必要になることが多いので、それが私たちを以前より忙しくしています。

No.（いいえ）の場合

解答例

No. Even though it's time-consuming to reply to constant e-mails, we can still manage our time. We should focus on the great benefits brought by new technology instead of the disadvantages.

いいえ。ひっきりなしに届くEメールに返信するのは時間がかかりますが、それでも私たちは自分の時間を管理することはできます。私たちは欠点ではなく、新技術によってもたらされる大きな利点に注目すべきだと思います。

□ **innovation** ─ イノベーション　□ **have an impact on ～** ─ ～に影響を与える
□ **huge** ─ 莫大な　□ **etiquette** ─ エチケット、礼儀作法
□ **require A to do** ─ Aに～することを求める　□ **response** ─ 返答　□ **constant** ─ 絶えず続く
□ **multitasking** ─ マルチタスク　□ **time-consuming** ─ 時間のかかる　□ **benefit** ─ 利点
□ **instead of ～** ─ ～の代わりに、～ではなくて　□ **disadvantage** ─ 欠点

面接官は、「Eメールなどの新技術は私たちを以前より忙しくしていると思うか」と尋ねています。Do you think ～？「あなたは～だと思いますか」と聞かれているので、最初にYes (, I do). かNo (, I don't). で自分の意見を明確にしてから、その理由を続けます。Yes. の解答例では、質問のnew technology such as e-mailをInnovationsと言い換えて、それが生活に大きな影響を与え得ると主張しています。その後、EメールのエチケットについてE-mail etiquette often requires us to send a response within 24 hours.と述べ、影響を具体的に説明しています。

No. の解答例では、Eメールの返信はたしかにtime-consuming「時間がかかる」ことではあるが、we can still manage our time「それでも私たちは自分の時間を管理することはできる」と反対意見の理由を述べています。続けて、新技術のdisadvantages「欠点」ではなくbenefits「利点」に注目すべきだと述べ、理由を展開して意見を補強しています。

5 | 自分の意見を述べる（3）

It is said that the number of foreigners who visit Japan will increase in the future. Should people in Japan learn more about foreign cultures?

将来、日本を訪れる外国人の数は増えるだろうと言われています。日本の人々は外国の文化についてもっと学ぶべきでしょうか。

Yes. (はい)の場合

Yes. Understanding foreign cultures is essential to communicate with people from abroad smoothly. If people in Japan are not familiar with them, it might lead to serious misunderstandings.

はい。外国の文化を理解することは、海外から来た人々とスムーズにコミュニケーションをとるために、極めて重要です。もし日本人が外国の文化をよく知らなかったら、それは深刻な誤解につながるかもしれません。

No. (いいえ) の場合

解答例

> **No. I think people in Japan nowadays put too much focus on foreign cultures and because of this, people have started to care less about their own culture. We need to learn more about our domestic culture before promoting the awareness of foreign cultures.**
>
> いいえ。私は、近ごろ日本の人々は外国文化に注目し過ぎていて、そのため、自分たちの文化にあまり関心を持たなくなってきたと思います。私たちは、外国文化に対する意識を高める前に、国内の文化についてもっと学ぶ必要があります。

□ **essential** ── 極めて重要な　□ **smoothly** ── スムーズに

□ *be* **familiar with ~** ── ~をよく知っている　□ **lead to ~** ── ~につながる

□ **serious** ── 深刻な　□ **misunderstanding** ── 誤解　□ **nowadays** ── 近ごろ

□ **put focus on ~** ── ~に注目する　□ **care about ~** ── ~に関心がある

□ **domestic** ── 国内の　□ **promote** ── ~を促進する　□ **awareness** ── 意識

解答の ポイント

面接官は、「日本の人々は外国の文化についてもっと学ぶべきか」と尋ねています。最初に、Yes. か No. で自分の意見を明確にしてから、その理由を続けます。

Yes. の解答例では、その理由として、外国の文化を理解することがスムーズなコミュニケーションにつながると述べています。また、続く文では、もし外国の文化に詳しくなかった場合、深刻な誤解を生む危険性を述べています。

No. の解答例では、近ごろの傾向として、外国文化に注目し過ぎて自国の文化がおろそかになっていることを指摘しています。さらに We need to learn more about our domestic culture before promoting the awareness of foreign cultures. と、もっと国内の文化に目を向ける必要があると主張しています。

Day 3

Problems of Aging Society
（高齢化社会の問題）

Day3 問題カード

You have one minute to prepare.

This is a story about an older couple who owned a car.
You have two minutes to narrate the story.

Your story should begin with the following sentence:
One day, a couple was watching a television program.

1   2   3   4

面接の流れを振り返ろう

左の二次元コードから動画を見ながら、
面接の一連の流れをおさらいしましょう。

左の二次元コードから動画を見ながら、

1 | イラストを見てナレーション

You have one minute to prepare before you start your narration.
ナレーションを始める前の準備時間は1分です。
Now, please begin your narration. You have two minutes.
では、ナレーションを始めてください。時間は2分間です。

This is a story about an older couple who owned a car.
これは車を所有していた老夫婦についての話です。

解答例

One day, a couple was watching a television program. They looked surprised to see the news of car accidents caused by elderly drivers. The woman told her husband that it wasn't safe to drive his car anymore. Later that day, they were looking at a poster saying that there was a low-cost taxi service for old people. The man decided to get rid of their car. That weekend, the man went to the shop to sell his car with his wife. He got a good amount of money for it. The man looked pleased. Two months later, when it was snowing, they wanted to use the taxi service to go to the hospital. However, when the man called the taxi company, the operator told him that none of the taxis were available. They seemed to be bothered.

ある日、ある夫婦がテレビ番組を見ていました。彼らは高齢の運転手によって引き起こされる交通事故のニュースを見て驚いたようでした。女性は夫に、自家用車を運転することはもはや安全ではないと言いました。その日の後になって、彼らは、高齢者のための低料金のタクシーサービスがあるというポスターを見ていました。男性は車を処分することを決心しました。その週末、男性は妻と一緒に、彼の車を売るために店に出向きました。彼は車の売却でかなり多くのお金を受け取りました。男性は喜んでいるようでした。2カ月後、雪が降っているとき、彼らは病院へ行くためにタクシーサービスを使いたいと思いました。しかし、男性がタクシー会社に電話すると、オペレーターは利用できるタクシーがないと言いました。彼らは困ったようでした。

2 | イラストについて答える

Please look at the fourth picture.
4枚目の絵を見てください。
If you were the woman, what would you be thinking?
もしあなたがこの女性なら、何を考えているでしょうか。

解答例

I'd be thinking, "We shouldn't have gotten rid of our car. The taxi service might be convenient in general, but it's better to drive on our own if such types of things happen again."

「私たちは車を処分すべきではなかった。タクシーサービスは一般的には便利かもしれないが、このようなことが再度起きるなら、自分たちの車を運転する方がよい」と私は考えているでしょう。

3 | 自分の意見を述べる（1）

Now, Mr./Ms. —— ——, please turn over the card and put it down.
では、—— —— さん、カードを裏返して置いてください。
Do you think that public transportation in Japan is convenient?
日本の公共交通機関は便利だと思いますか。

（※Noの解答例はp.047参照）

解答例

Yes. I think public transportation in Japan is generally reasonable and very convenient. It's really nice that it is always on time and inside of the vehicles is clean.

はい。日本の公共交通機関は一般的に手頃な料金でとても便利だと思います。常に時間通りで車内が清潔であるのは本当に素晴らしいです。

---

4 | 自分の意見を述べる（2）

Should companies allow their employees to work after retirement?

企業は従業員が退職後も働けるようにすべきでしょうか。

（※Yesの解答例はp.048参照）

解答例

No. It is true that retired people are often experts in some jobs, but they shouldn't be a barrier to young workers hoping to get promoted. Since companies need a fresh workforce, I think retired people should leave their jobs.

いいえ。確かに退職者は一部の仕事では専門家であることが多いですが、彼らは昇進を希望する若い労働者の妨げとなるべきではありません。企業は若々しい労働力を必要としているのですから、退職者は離職するべきだと私は思います。

---

5 | 自分の意見を述べる（3）

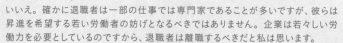

These days, it is said that young people are spending too much time on smartphones. Do you think that young people are losing their social skills because of advanced technology?

近年、若者がスマートフォンに時間を使い過ぎていると言われています。若者が先進技術のために社交スキルを失っていると思いますか。

（※Noの解答例はp.050参照）

解答例

Yes. Young people spend most of their time on their cell phones, not interacting with each other socially. They text instead of calling or talking in person. The technology we now have is decreasing children's communication and socialization skills.

はい。若者は自分の時間のほとんどを携帯電話に使い、お互いに社会的に交流することをしません。彼らは電話をしたり直接話したりする代わりにテキストメッセージを送ります。現在私たちが持っている科学技術は、子どもたちのコミュニケーションや社交スキルを低くしています。

それぞれの問題を理解しよう

問題ひとつひとつの理解を深めましょう。🎤 スピーキングアイコンがついている箇所は、アプリ「my-oto-mo」で発音判定ができます。

1 | イラストを見てナレーション

This is a story about an older couple who owned a car.

これは車を所有していた老夫婦についての話です。

1コマ目のテレビの画面とセリフから、老夫婦が抱えている問題を把握しよう。
2コマ目はポスターの文字情報に着目することがポイントだよ。

You have one minute to prepare before you start your narration. ナレーションを始める前の準備時間は1分です。
Now, please begin your narration. You have two minutes. では、ナレーションを始めてください。時間は2分間です。

解答例

One day, a couple was watching a television program. They looked surprised to see the news of car accidents caused by elderly drivers. The woman told her husband that it wasn't safe to drive his car anymore. Later that day, they were looking at a poster saying that there was a low-cost taxi service for old people. The man decided to get rid of their car. That weekend, the man went to the shop to sell his car with his wife. He got a good amount of money for it. The man looked pleased. Two months later, when it was snowing, they wanted to use the taxi service to go to the hospital. However, when the man called the taxi company, the operator told him that none of the taxis were available. They seemed to be bothered.

ある日、ある夫婦がテレビ番組を見ていました。彼らは高齢の運転手によって引き起こされる交通事故のニュースを見て驚いたようでした。女性は夫に、自家用車を運転することはもはや安全ではないと言いました。その日の後になって、彼らは、高齢者のための低料金のタクシーサービスがあるというポスターを見ていました。男性は車を処分することを決心しました。その週末、男性は妻と一緒に、彼の車を売るために店に出向きました。彼は車の売却でかなり多くのお金を受け取りました。男性は喜んでいるようでした。2カ月後、雪が降っているとき、彼らは病院へ行くためにタクシーサービスを使いたいと思いました。しかし、男性がタクシー会社に電話すると、オペレーターは利用できるタクシーがないと言いました。彼らは困ったようでした。

□ **elderly** ── 年配の　□ **husband** ── 夫　□ **not ～ anymore** ── もはや～ない

□ **get rid of ～** ── ～を処分する　□ **pleased** ── 喜んで　□ **operator** ── オペレーター

□ **available** ── 利用可能な　□ **bother** ── ～を困らせる

**解答の
ポイント**　問題カードに記載されている説明文とナレーションの1文目から、車を所有している老夫婦がテレビ番組を見ている場面からストーリーが始まっていることを読み取りましょう。

1コマ目

登場人物の状況と、文字で示されているテレビ画面の内容を説明していきます。まず、登場人物の表情から、テレビの事故のニュースを見て驚いていることを looked surprised to see ～「～を見て驚いたようだった」と述べます。次に、妻のセリフを間接話法 tell A that ～「Aに～と言う」で描写します。このとき、セリフにある代名詞 your を his に、時制を過去形に変えることに注意しましょう。

2コマ目

Later that day から、場面が変わったことが分かります。ポスターを見ているという登場人物の行動と、ポスターに書かれている内容を述べてから、何か名案をひらめいた男性の様子を描写しましょう。ポスターの内容は a poster saying that ～「～ということを伝えるポスター」で表すことができます。解答例では decide to do「～しようと決心する」という表現を使って、車の処分を決心したことを説明しています。

3コマ目

That weekendとあるように、場面は「週末」に切り替わっています。夫婦が車の買い取り業者と話をしている場面だということが読み取れます。彼らが車を売却しに店に行ったこと、売上代金を得て満足している様子を描写しましょう。登場人物の表情などから、その人物の感情を描写するときには、look「〜に見える」やseem（to be 〜）「〜のように見える」という表現を使うことができます。

4コマ目

Two months laterから、「2カ月後」の場面と分かります。雪が降っているある日、夫婦はタクシーで病院に行きたいと思っていることが、吹き出しと窓の外のイラストから読み取れます。最初に上記の点を説明したあと、男性がタクシー会社に電話をしても、タクシーの空きがなくて利用できないと言われたことを述べます。さらに、夫婦の表情から読み取れる彼らの感情にも言及しましょう。解答例ではseemed to be bothered「困ったようだった」と表現していますが、seemed to be upset「動揺しているようだった」としてもよいでしょう。

Day3

Please look at the fourth picture.
4枚目の絵を見てください。

If you were the woman, what would you be thinking?
もしあなたがこの女性なら、何を考えているでしょうか。

解答例 🎤

I'd be thinking, "We shouldn't have gotten rid of our car. The taxi service might be convenient in general, but it's better to drive on our own if such types of things happen again."
「私たちは車を処分すべきではなかった。タクシーサービスは一般的には便利かもしれないが、このようなことが再度起きるなら、自分たちの車を運転する方がよい」と私は考えているでしょう。

□ **get rid of 〜**── 〜を処分する　□ **convenient**── 便利な　□ **in general**── 一般的に

解答の
ポイント

質問が what would you be thinking? なので、それに合わせて I'd be thinking で文を始めます。解答例では、「〜すべきではなかった（のにしてしまった）」という意味を表す〈shouldn't have ＋過去分詞〉を使って、車を処分すべきではなかったという後悔の念を表現しています。get rid of 〜で「〜を処分する」という表現です。一般的にタクシーサービスは便利だという利点も認めつつ、タクシーを利用できない場合もあるので、it's better to drive on our own「自分たちの車を運転する方がよい」という考えを述べています。

Now, Mr./Ms. —— ——, please turn over the card and put it down.

では、—— ——さん、カードを裏返して置いてください。

Do you think that public transportation in Japan is convenient?

日本の公共交通機関は便利だと思いますか。

Yes. (はい) の場合

解答例

Yes. I think public transportation in Japan is generally reasonable and very convenient. It's really nice that it is always on time and inside of the vehicles is clean.

はい。日本の公共交通機関は一般的に手頃な料金でとても便利だと思います。常に時間通りで車内が清潔であるのは本当に素晴らしいです。

No. (いいえ) の場合

解答例

No. I often see elderly people feeling bothered having to wait for trains and buses for a long time. I hope it will be improved in the future.

いいえ。私は、電車やバスを長い間待たなければならず困っているお年寄りをよく見かけます。それが将来的に改善されることを願っています。

□ **public transportation** — 公共交通機関　□ **convenient** — 便利な
□ **generally** — 一般的に　□ **reasonable** — 手頃な　□ **on time** — 時間通りに
□ **inside** — 内部　□ **bother** — 〜を困らせる

> **解答の ポイント**
>
> 面接官は、「日本の公共交通機関は便利だと思うか」と尋ねています。Do you think ~?「あなたは〜だと思いますか」と聞かれているので、最初にYes(, I do). かNo(, I don't). で自分の意見を明確にしてから、その理由を続けます。
>
> Yes. の解答例では、reasonable and very convenient「手頃な料金でとても便利」、また always on time and inside of the vehicles is clean「常に時間通りで車内が清潔」と、よい点を挙げています。
>
> No. の解答例ではまず、お年寄りが電車やバスを長時間待たなければならず、困っている様子をよく見かける、という問題点を述べています。続けて、I hope it will be improved in the future.「それが将来的に改善されることを願っています」と、自分の希望を追加で述べています。

Day3

Should companies allow their employees to work after retirement?

企業は従業員が退職後も働けるようにすべきでしょうか。

Yes.（はい）の場合

解答例

Yes. Allowing retired people to work is highly beneficial for companies because they are experienced in their jobs. In addition, elderly employees can lead active lives by having regular work.

はい。退職者は仕事の経験が豊富なので、彼らが働けるようにすることは企業にとって非常に有益です。さらに、高齢の従業員は定職を得ることで活気のある生活を送ることができます。

No.（いいえ）の場合

解答例

No. It is true that retired people are often experts in some jobs, but they shouldn't be a barrier to young workers hoping to get promoted. Since companies need a fresh workforce, I think retired people should leave their jobs.

いいえ。確かに退職者は一部の仕事では専門家であることが多いですが、彼らは昇進を希望する若い労働者の妨げとなるべきではありません。企業は若々しい労働力を必要としているのですから、退職者は離職するべきだと私は思います。

□ **employee** ── 従業員　□ **retirement** ── 退職　□ **retired** ── 退職した
□ **beneficial** ── 有益な　□ **in addition** ── さらに　□ **elderly** ── 年配の
□ **lead a ～ life** ── ～な生活を送る　□ **regular work** ── 定職　□ **expert** ── 専門家
□ **barrier** ── 障壁、妨げ　□ **get promoted** ── 昇進する　□ **fresh** ── 若々しい
□ **workforce** ── 総労働力、（企業などの）全従業員

「企業は従業員が退職後も働くのを許可すべきかどうか」という質問です。最初に、Yes.かNo.で自分の意見を明確にしてから、その理由を続けます。

Yes.の解答例では、退職した従業員は仕事の経験値が高く、会社にとってはhighly beneficial「非常に有益な」存在であると、その理由を述べています。また、「高齢の従業員は定職を得ることで活気のある生活を送ることができる」と、高齢者にとっても利点があることを述べて賛成意見の理由を補強しています。

No.の解答例では、退職した従業員の専門性の高さを会社にとってのメリットとして認めつつ、若い従業員の昇進の妨げになるというデメリットを挙げています。さらに、会社にはfresh workforce「若々しい労働力」が必要であると述べ、retired people should leave their jobs「退職者は離職するべき」と、自分の意見を展開しています。

5 | 自分の意見を述べる（3）

These days, it is said that young people are spending too much time on smartphones. Do you think that young people are losing their social skills because of advanced technology?

近年、若者がスマートフォンに時間を使い過ぎていると言われています。若者が先進技術のために社交スキルを失っていると思いますか。

Yes.（はい）の場合

解答例

Yes. Young people spend most of their time on their cell phones, not interacting with each other socially. They text instead of calling or talking in person. The technology we now have is decreasing children's communication and socialization skills.

はい。若者は自分の時間のほとんどを携帯電話に使い、お互いに社会的に交流することをしません。彼らは電話をしたり直接話したりする代わりにテキストメッセージを送ります。現在私たちが持っている科学技術は、子どもたちのコミュニケーションや社交スキルを低くしています。

No.（いいえ）の場合

解答例 🎤

No. I think advanced technology such as the Internet provides a lot of opportunities for young people to meet new people. They can enhance their social skills by taking advantage of these opportunities.

いいえ。私は、インターネットのような先進技術は、若者に新しい人と出会う多くの機会を与えていると思います。彼らはこれらの機会を利用して、社交スキルを高めることができます。

□ **social** ― 社会性の、社交の　□ **advanced** ― 先進の　□ **cell phone** ― 携帯電話
□ **interact with ～** ― ～と交流する　□ **socially** ― 社会的に　□ **text** ― テキストメッセージを送る
□ **instead of ～** ― ～の代わりに　□ **in person** ― 対面で、直接
□ **socialization skills** ― 社交術　□ **provide A for B** ― A を B に与える
□ **enhance** ― ～を高める　□ **take advantage of ～** ― ～を利用する

> **解答の ポイント**　面接官は、「若者が先進技術のために社交スキルを失っていると思うか」と尋ねています。Do you think ～?「あなたは～だと思いますか」と意見を求められているので、最初に Yes(, I do). か No(, I don't). で自分の意見を明確にしてから、その理由を続けます。Yes. の解答例では、若者が携帯電話ばかりに時間を費やし、電話や対面での会話をしないため、他人と社会的に交流しなくなったという現状を述べています。最後の文は、質問の young people are losing their social skills because of advanced technology という内容を言い換えて、まとめたものです。
> No. の解答例では、advanced technology ... provides a lot of opportunities for young people to meet new people「先進技術は若者に新しい人と出会う多くの機会を与えている」と、先進技術によってもたらされているメリットを述べ、肯定派の意見としています。そうした機会が enhance their social skills「彼らの社交スキルを高める」と意見をまとめています。

Day 4

Various Work Styles
（さまざまな働き方）

Day4 問題カード

You have one minute to prepare.

This is a story about a woman who wanted to work from home.
You have two minutes to narrate the story.

Your story should begin with the following sentence:
One day, a woman was at home with her husband.

面接の流れを振り返ろう

左の二次元コードから動画を見ながら、
面接の一連の流れをおさらいしましょう。

You have one minute to prepare before you start your narration.
ナレーションを始める前の準備時間は1分です。
Now, please begin your narration. You have two minutes.
では、ナレーションを始めてください。時間は2分間です。

This is a story about a woman who wanted to work from home.
これは在宅で仕事をしたいと思っていた女性についての話です。

解答例

One day, a woman was at home with her husband. She was showing her husband a help-wanted website. There was an advertisement from a company that was looking for a part-time employee who could work from home. Later that day, her husband was doing some chores, and she was filling in the application form and applying for the job. She imagined how nice it would be to work from home. A few days later, some boxes were piled up in their home. Inside, there were many documents and envelopes. She was putting some documents into the envelopes. That night, when her husband came home from work, she told her husband that she needed some help to finish her job. Her husband was surprised.

ある日、ある女性が夫と家にいました。彼女は夫に求人のウェブサイトを見せていました。そこには、在宅で働けるパートタイム従業員を探している会社からの広告がありました。その日の後になって、夫は家事をし、彼女は申し込み用紙を記入し仕事に応募をしていました。彼女は在宅で仕事をするのはどんなにすてきだろうと想像していました。数日後、家の中にいくつかの箱が積み上げられていました。中にはたくさんの書類と封筒が入っていました。彼女は書類を封筒に入れていました。その夜、夫が仕事から帰宅すると、彼女は仕事を終えるのに助けが必要だと夫に告げました。夫は驚きました。

2 | イラストについて答える

Please look at the fourth picture.
4枚目の絵を見てください。
If you were the man, what would you be thinking?
もしあなたがこの男性なら、何を考えているでしょうか。

解答例

I'd be thinking, "It's good to know that she found something she enjoys doing. However, I don't want her to be obsessed with it, because being too busy might affect her health."

「彼女が楽しむことのできる何かを見つけたと分かってうれしい。しかし、忙し過ぎるのは健康に悪い影響を与えるかもしれないので、彼女がそれに夢中になり過ぎることは望まない」と私は考えているでしょう。

3 | 自分の意見を述べる（1）

Now, Mr./Ms. ―― ――, please turn over the card and put it down.
では、―― ―― さん、カードを裏返して置いてください。
Do you think that it is more important to make a lot of money than to enjoy your job?
仕事を楽しむことより、たくさんのお金を稼ぐことがより重要だと思いますか。

Day4

（※Yesの解答例はp.059参照）

解答例

No. I think no matter how much money I make, I don't want to do jobs I don't like. This is because I'm sure I would get bored and end up quitting soon.

いいえ。どんなにたくさんお金を稼げるとしても、好きではない仕事はしたくありません。なぜかと言うと、きっとすぐに退屈して辞めることになるだろうからです。

4 自分の意見を述べる（2）

Do you think that a university education should be free for everyone?

大学教育は誰に対しても無料であるべきだと思いますか。

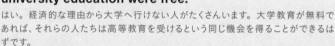

（※Noの解答例はp.060参照）

解答例

Yes. There are many people who can't go to university because of financial reasons. Those people could get the same chance to receive a higher education, if university education were free.

はい。経済的な理由から大学へ行けない人がたくさんいます。大学教育が無料であれば、それらの人たちは高等教育を受けるという同じ機会を得ることができるはずです。

5 自分の意見を述べる（3）

In Japan, many people pay attention to others when they use public transportation. Do you think that it is rude to talk on the phone on a train?

日本では、公共交通機関を利用するとき、多くの人々が他者に配慮しています。電車の中での通話は不作法だと思いますか。

（※Yesの解答例はp.061参照）

解答例

No. It's not rude to talk on the phone if you don't speak loudly. In addition, I think it's OK to talk on the phone in case of an emergency.

いいえ。大声で話さなければ、通話は不作法ではありません。さらに、緊急時の通話は問題ないと思います。

それぞれの問題を理解しよう

問題ひとつひとつの理解を深めましょう。🎙スピーキングアイコンがついている箇所は、アプリ「my-oto-mo」で発音判定ができます。

1 | イラストを見てナレーション

This is a story about a woman who wanted to work from home.
これは在宅で仕事をしたいと思っていた女性についての話です。

1コマ目では、2人そろってパソコン画面の広告を見ているね。4コマ目では女性が慌てている様子が読み取れるよ。

You have one minute to prepare before you start your narration. ナレーションを始める前の準備時間は1分です。
Now, please begin your narration. You have two minutes. では、ナレーションを始めてください。時間は2分間です。

解答例 🎙

One day, a woman was at home with her husband. She was showing her husband a help-wanted website. There was an advertisement from a company that was looking for a part-time employee who could work from home. Later that day, her husband was doing some chores, and she was filling in the application form and applying for the job. She imagined how nice it would be to work from home. A few days later, some boxes were piled up in their home. Inside, there were many documents and envelopes. She was putting some documents into the envelopes. That night, when her husband came home from work, she told her husband that she needed some help to finish her job. Her husband was surprised.

ある日、ある女性が夫と家にいました。彼女は夫に求人のウェブサイトを見せていました。そこには、在宅で働けるパートタイム従業員を探している会社からの広告がありました。その日の後になって、夫は家事をし、彼女は申し込み用紙を記入し仕事に応募をしていました。彼女は在宅で仕事をするのはどんなにすてきだろうと想像していました。数日後、家の中にいくつかの箱が積み上げられていました。中にはたくさんの書類と封筒が入っていました。彼女は書類を封筒に入れていました。その夜、夫が仕事から帰宅すると、彼女は仕事を終えるのに助けが必要だと夫に告げました。夫は驚きました。

□ **work from home** ── 在宅勤務をする　□ **husband** ── 夫　□ **help-wanted** ── 求人の
□ **advertisement** ── 広告　□ **part-time** ── パートタイムの　□ **chores** ── 家事
□ **fill in ～** ── ～に記入する　□ **application form** ── 申し込み用紙
□ **apply for ～** ── ～に応募する　□ **pile ～ up** ── ～を積み重ねる　□ **document** ── 書類
□ **envelope** ── 封筒

**解答の
ポイント**　ナレーションの1文目から、登場人物の関係性は夫婦であるということが分かります。また、問題カードに記載されている説明文から、女性は在宅でできる仕事がしたいと思っていることを読み取ります。

1コマ目

登場人物の行動と、パソコンの画面に表示されているウェブサイトの内容を説明しましょう。
女性が夫に求人募集のウェブサイトを見せている様子を show *A B*「AにBを見せる」を使って描写します。サイトの内容は There was an advertisement from a company that ～ . 「～している会社からの広告がありました」に続けて、イラスト内の文字情報を使って説明できます。その際、時制は過去形にすることに注意しましょう。

2コマ目

Later that day から、場面が変わったことが分かります。登場人物はそれぞれ異なる動作をしているので、それぞれの動作を1人ずつ描写すると状況を分かりやすく説明できます。
「家事をする」は do some chores、「申し込み用紙に記入する」は fill in an application form で表現できます。また、吹き出しのイラストは女性が思い描いていることなので、She imagined ～ . 「彼女は～と想像していました」で説明するとよいでしょう。

3コマ目

3コマ目はA few days later以外に文字情報はないので、部屋の状況や女性の動作などを描写すればよいでしょう。

pile ～ up「～を積み重ねる」の受動態のbe piled upで、箱が積み重ねられていることを表現できます。

3コマ目は2コマ目にある吹き出しのイラストと同じような場面であることから、彼女が在宅の仕事を始めたと読み取れるので、そのことに言及してもよいでしょう。

4コマ目

That nightという文字情報から、夜になり、男性が帰宅した場面と想像できます。登場人物がそれぞれ驚き、慌てている様子が読み取れるので、それも描写しておきましょう。

妻のセリフは間接話法tell *A* that ～「Aに～と言う」で描写します。代名詞をIからsheに、また時制を過去形にすることに注意が必要です。

Please look at the fourth picture.
4枚目の絵を見てください。

If you were the man, what would you be thinking?
もしあなたがこの男性なら、何を考えているでしょうか。

解答例 🎤

I'd be thinking, "It's good to know that she found something she enjoys doing. However, I don't want her to be obsessed with it, because being too busy might affect her health."

「彼女が楽しむことのできる何かを見つけたと分かってうれしい。しかし、忙し過ぎるのは健康に悪い影響を与えるかもしれないので、彼女がそれに夢中になり過ぎることは望まない」と私は考えているでしょう。

□ ***be* obsessed with ～** ── ～に取りつかれる、～に夢中になる
□ **affect** ── ～に(悪い)影響を与える

> **解答の
> ポイント**
>
> what would you be thinking?と尋ねられているので、それに合わせてI'd be thinking で文を始めます。解答例ではまず、彼女が楽しめることを見つけられてうれしいと述べています。It's good to know that ～は「～ということを知れてよかった、～でよかった」という気持ちを表す口語表現です。続けてHowever「しかし」で始めて、懸念点を述べています。*be* obsessed with ～は「～に取りつかれる、～に夢中になる」という意味です。「彼女が仕事に夢中になり過ぎることは望まない」と述べ、健康を害する心配があることをその理由として示しています。

Now, Mr./Ms.────, please turn over the card and put it down.

では、──── さん、カードを裏返して置いてください。

Do you think that it is more important to make a lot of money than to enjoy your job?

仕事を楽しむことより、たくさんのお金を稼ぐことがより重要だと思いますか。

Yes.（はい）の場合

解答例

Yes. We can gain fulfillment by making a lot of money. Also, if we make much money, it can be well spent on our hobbies and what we want to do.

はい。私たちはたくさんのお金を稼ぐことで達成感を得ることができます。また、たくさんのお金を稼ぐと、私たちはそれを趣味やしたいことに十分に費やすことができます。

No.（いいえ）の場合

解答例

No. I think no matter how much money I make, I don't want to do jobs I don't like. This is because I'm sure I would get bored and end up quitting soon.

いいえ。どんなにたくさんお金を稼ぐとしても、好きではない仕事はしたくありません。なぜかと言うと、きっとすぐに退屈して辞めることになるだろうからです。

□ **make money** ── お金をもうける　□ **gain** ── ～を得る　□ **fulfillment** ── 達成感
□ **get bored** ── 退屈する　□ **end up** *doing* ── ついには～することになる　□ **quit** ── 辞める

> **解答の ポイント**　質問は、「仕事を楽しむことより、たくさんのお金を稼ぐことがより重要だと思うか」というものです。Do you think ～?「あなたは～だと思いますか」と聞かれているので、最初に Yes(, I do). か No(, I don't). で自分の意見を明確にしてから、その理由を続けます。Yes. の解答例では、gain fulfillment「達成感を得る」ことを1つの理由として挙げています。続けて、たくさんのお金があれば趣味ややりたいことに使えると、追加の理由を述べて意見を補強しています。
> No. の解答例では、好きな仕事をすることの方が、お金をたくさん稼ぐことよりも重要であるという考えを示しています。no matter how ～「どんなに～であろうとも」という表現を使って、どんなにたくさんお金を稼げるとしても嫌いな仕事はしたくないと述べています。続けて、get bored「退屈する」、end up quitting「辞めることになる」ということをその理由として挙げています。

Do you think that a university education should be free for everyone?

大学教育は誰に対しても無料であるべきだと思いますか。

Yes.（はい）の場合

解答例

Yes. There are many people who can't go to university because of financial reasons. Those people could get the same chance to receive a higher education, if university education were free.

はい。経済的な理由から大学へ行けない人がたくさんいます。大学教育が無料であれば、それらの人たちは高等教育を受けるという同じ機会を得ることができるはずです。

No.（いいえ）の場合

解答例

No. In order to make university free, the government would have to use taxes to support universities. Since a university education is not necessary for everyone, taxes should be used for more important things for everyone such as medical care.

いいえ。大学を無料にするには、政府は大学を支援するために税金を使わなければならないでしょう。大学教育はすべての人に必要なものではないので、税金は医療などのすべての人にとってより重要なことに使われるべきです。

☐ **financial** — 経済的な　☐ **higher education** — 高等教育　☐ **tax** — 税金
☐ **medical care** — 医療

解答の
ポイント　質問は、「大学教育は誰に対しても無料であるべきだと思うか」というものです。Do you think 〜?「あなたは〜だと思いますか」と尋ねられているので、最初にYes(, I do).かNo(, I don't).で自分の意見を明確にしてから、その理由を続けます。
Yes.の解答例ではまず、経済的理由で大学へ行けない人がいるという問題点を指摘しています。続けて、仮定の接続詞ifを用いて、大学教育が無料であればそれらの人たちも高等教育が受けられるとして、「大学教育は無料であるべきだ」という自分の意見を補強しています。

No. の解答例では、大学を無料にするためには税金の投入が必要であることを理由として述べています。続けて、大学教育がすべての人にとって必要なものではないことを指摘し、「税金はすべての人にとってより重要なことに使われるべき」と意見を述べています。such as 〜「〜など」は具体例を挙げるときに使う表現で、ここでは「すべての人にとってより重要なこと」の一例として medical care「医療」を取り上げています。

5 ｜ 自 分 の 意 見 を 述 べ る（ 3 ）

In Japan, many people pay attention to others when they use public transportation. Do you think that it is rude to talk on the phone on a train?

日本では、公共交通機関を利用するとき、多くの人々が他者に配慮しています。電車の中での通話は不作法だと思いますか。

Yes.（はい）の場合

解答例

Yes. I think it is rude to talk on the phone on a train. Many people get irritated by hearing others talking on the phone. They should consider how other people feel.

はい。電車の中での通話は不作法だと思います。多くの人は、他の人が電話で話しているのを聞いてイライラします。彼らは他の人がどう感じるかを考えるべきです。

Day4

No. (いいえ) の場合

解答例

No. It's not rude to talk on the phone if you don't speak loudly. In addition, I think it's OK to talk on the phone in case of an emergency.

いいえ。大声で話さなければ、通話は不作法ではありません。さらに、緊急時の通話は問題ないと思います。

□ **pay attention to ～** ── ～に注意を払う   □ **public transportation** ── 公共交通機関
□ **rude** ── 失礼な、不作法な   □ **get irritated** ── イライラする   □ **consider** ── ～を考慮する
□ **loudly** ── 大声で   □ **in addition** ── さらに   □ **in case of ～** ── ～の場合には
□ **emergency** ── 緊急事態

解答の ポイント

質問は、「電車の中での通話は不作法だと思うか」というものです。Do you think ～?「あなたは～だと思いますか」と聞かれているので、最初に Yes (, I do). か No (, I don't). で自分の意見を明確にしてから、その理由を続けます。

Yes. の解答例ではまず、Yes. に続けて I think it is rude to talk on the phone on a train. と質問の内容を繰り返すことで、自分の意見を明確に提示しています。続く文では、Many people get irritated「多くの人がイライラする」と、電車内での通話が周りにもたらす影響に言及しています。その後、さらに自分の立場を補強するために、「他の人がどう感じるかを考えるべき」と意見を追加しています。

No. の解答例では最初に、「大声で話さなければ、通話は不作法ではない」という意見を述べています。その後、In addition「さらに」に続けて、「緊急時の通話は問題ないと思う」と補足しています。このように、追加で意見を述べるときは In addition「さらに」という表現を使うことができます。

Day 5

Eco-Activities
（エコ活動）

面接の流れを振り返ろう

左の二次元コードから動画を見ながら、
面接の一連の流れをおさらいしましょう。

1 | イラストを見てナレーション

You have one minute to prepare before you start your narration.
ナレーションを始める前の準備時間は1分です。
Now, please begin your narration. You have two minutes.
では、ナレーションを始めてください。時間は2分間です。

This is a story about a married couple who was interested in environmental problems.
これは環境問題に関心があった夫婦についての話です。

解答例

One day, a couple was in their living room. The man showed his wife an article in the newspaper. It recommended readers to commute by bicycle to prevent global warming. His wife seemed to agree with the idea. The next weekend, the man and his wife went to a bicycle shop to buy bicycles. The salesperson was showing them the newest products. The next day, they were riding bicycles to go to their workplaces. They both looked happy. Later that day, it was raining very hard. The woman was standing at the front door of her house and drying herself with a towel. The man looked troubled to get wet as he was riding his bicycle in the rain.

ある日、夫婦がリビングにいました。男性は妻に新聞記事を見せました。それは、地球温暖化を防ぐために、読者に自転車通勤を推奨していました。妻はその意見に賛成しているようでした。次の週末、男性と妻は自転車を買いに自転車店に行きました。販売員は彼らに最新の製品を見せていました。翌日、彼らは自転車に乗って職場に向かっていました。彼らは2人とも満足そうでした。その日の後になって、激しく雨が降っていました。女性は自宅の玄関前に立って、タオルで体を拭いていました。男性は雨の中で自転車に乗っているので、ぬれて困っているようでした。

2 | イラストについて答える

Please look at the fourth picture.
4枚目の絵を見てください。
If you were the man, what would you be thinking?
もしあなたがこの男性なら、何を考えているでしょうか。

解答例

I'd be thinking, "It's better to ride a bicycle in good weather, but I need to have alternative ways of transportation for bad weather days. I should take public transportation like trains and buses when it rains."
「天気のいい日には自転車に乗る方がよいけれど、天気の悪い日のための代替交通手段が必要だ。雨の日は電車やバスのような公共交通機関を使うべきだ」と私は考えているでしょう。

Day 5

3 | 自分の意見を述べる（1）

Now, Mr./Ms. —— ——, please turn over the card and put it down.
では、—— ——さん、カードを裏返して置いてください。
Do you think that the government should invest more in renewable energy?
政府は再生可能エネルギーにもっと投資するべきだと思いますか。

（※ No の解答例は p.071 参照）

Yes. The current energy sources are not sustainable in the long term, so it's important to explore any possible alternative sources of energy. To make it possible, government investment in this field is essential.

はい。現在のエネルギー源は長期的には持続可能ではないので、何か可能性のある代替エネルギー源を探求することが重要です。それを可能にするためには、この分野への政府の投資が必要不可欠です。

解答例

4 ｜ 自 分 の 意 見 を 述 べ る （2）

Should the government ban the production of plastic shopping bags?

政府はビニールの買い物袋の生産を禁止するべきですか。

（※ Yes の解答例は p.072 参照）

解答例

No. Instead of banning plastic bags, the government should start a campaign to make the public aware of the damage they cause to the environment. Individuals need to be more sensitive to environmental issues.

いいえ。ビニール袋を禁止する代わりに、自分たちが環境に対して引き起こしている害について人々に気付かせるキャンペーンを政府は始めるべきです。個々人が環境問題にもっと敏感になる必要があります。

5 ｜ 自 分 の 意 見 を 述 べ る （3）

In order to live a long life, it is important to care about what you eat every day. Do you think people today are concerned enough about eating healthy?

長生きするためには、毎日食べる物に気を使うことが大切です。今日の人々は健康的な食事をすることに十分に配慮していると思いますか。

（※ No の解答例は p.074 参照）

解答例

Yes. I think many people now care more about what they eat in their daily lives. There are some services that monitor people's meals and give health advice.

はい。現代の多くの人々は日常生活で何を食べるかに気を使っていると思います。人々の食事をチェックして健康のアドバイスをするサービスもあります。

それぞれの問題を理解しよう

問題ひとつひとつの理解を深めましょう。🎤スピーキングアイコンがついている箇所は、アプリ「my-oto-mo」で発音判定ができます。

This is a story about a married couple who was interested in environmental problems.
これは環境問題に関心があった夫婦についての話です。

1コマ目では男性が手に新聞を持っているよ。3コマ目は晴れているけど、4コマ目では雨が降っている、という違いにも注目しよう。

You have one minute to prepare before you start your narration. ナレーションを始める前の準備時間は1分です。
Now, please begin your narration. You have two minutes. では、ナレーションを始めてください。時間は2分間です。

解答例

One day, a couple was in their living room. The man showed his wife an article in the newspaper. It recommended readers to commute by bicycle to prevent global warming. His wife seemed to agree with the idea. The next weekend, the man and his wife went to a bicycle shop to buy bicycles. The salesperson was showing them the newest products. The next day, they were riding bicycles to go to their workplaces. They both looked happy. Later that day, it was raining very hard. The woman was standing at the front door of her house and drying herself with a towel. The man looked troubled to get wet as he was riding his bicycle in the rain.

ある日、夫婦がリビングにいました。男性は妻に新聞記事を見せました。それは、地球温暖化を防ぐために、読者に自転車通勤を推奨していました。妻はその意見に賛成しているようでした。次の週末、男性と妻は自転車を買いに自転車店に行きました。販売員は彼らに最新の製品を見せていました。翌日、彼らは自転車に乗って職場に向かっていました。彼らは2人とも満足そうでした。その日の後になって、激しく雨が降っていました。女性は自宅の玄関前に立って、タオルで体を拭いていました。男性は雨の中で自転車に乗っているので、ぬれて困っているようでした。

□ **environmental problem** ── 環境問題　□ **article** ── 記事

□ **recommend *A* to *do*** ── Aに〜することを勧める　□ **commute** ── 通勤する

□ **prevent** ── 〜を防ぐ　□ **global warming** ── 地球温暖化　□ **salesperson** ── 販売員

□ **product** ── 製品　□ **workplace** ── 職場　□ **front door** ── 正面玄関

□ **dry *oneself*** ── 体を拭く　□ **wet** ── ぬれた

解答の ポイント

問題カードの説明文から、環境問題に関心がある夫婦だということが読み取れます。また、ナレーションの1文目から、2人はリビングにいることが分かります。

1コマ目

登場人物の行動と、新聞記事の内容を説明しましょう。男性が妻に新聞記事を見せている様子をshow *A B*「AにBを見せる」を使って描写します。記事にはLet'sとあることから何かを促していると分かるので、It recommended readers to にイラスト内のcommute以下の文字情報を続けます。また、イラストで妻はうなずいているので、新聞の記事に賛成していると読み取れます。動詞 agree with 〜「〜に賛成する」を使って表現しましょう。

2コマ目

イラスト内の文字情報から、新聞記事を見た「次の週末」に、夫婦が自転車店に来ていることが分かります。登場人物である夫婦と自転車店の店員の行動をそれぞれ描写しましょう。
店員が最新の自転車を夫婦に見せている様子をshow *A B*「AにBを見せる」を使って表現します。

3コマ目

The next dayから、「翌日」、夫婦が自転車で通勤中であることが分かります。夫婦の動作や表情から読み取れる感情について言及しましょう。

「彼ら2人とも」は、they bothと表現できます。登場人物の表情などからその人物の感情を表現するには、look「〜に見える」やseem(to be 〜)「〜のように見える」を使います。

4コマ目

4コマ目は3コマ目と場所は同じですが、Later that dayとあり、天気は雨です。雨が降っているという状況を述べてから、夫婦の動作や状況、様子をそれぞれ描写しましょう。

「タオルで〜を乾かす」はdry 〜 with a towelと表現できます。自転車に乗っている男性が雨でぬれて困っている様子は、looked troubled to do「〜して困っているようだった」と描写します。

Day 5

Please look at the fourth picture.
4枚目の絵を見てください。
If you were the man, what would you be thinking?
もしあなたがこの男性なら、何を考えているでしょうか。

 解答例 🎤

I'd be thinking, "It's better to ride a bicycle in good weather, but I need to have alternative ways of transportation for bad weather days. I should take public transportation like trains and buses when it rains."
「天気のいい日には自転車に乗る方がよいけれど、天気の悪い日のための代替交通手段が必要だ。雨の日は電車やバスのような公共交通機関を使うべきだ」と私は考えているでしょう。

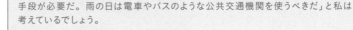

□ **alternative** ── 代わりの　□ **transportation** ── 移動手段
□ **public transportation** ── 公共交通機関

> 解答の
> ポイント　　what would you be thinking?と尋ねられているので、それに合わせてI'd be thinking
> で文を始めます。解答例ではまず、天気のいい日は快適だが、天気が悪い日は
> alternative ways of transportation「代替交通手段」が必要だと述べています。続けて、
> 「雨の日は公共交通機関を利用すべき」との意見を、like trains and buses「電車やバスの
> ような」と具体例を挙げて説明しています。

Now, Mr./Ms. ―― ――, please turn over the card and put it down.

では、―― ―― さん、カードを裏返して置いてください。

Do you think that the government should invest more in renewable energy?

政府は再生可能エネルギーにもっと投資するべきだと思いますか。

Yes.（はい）の場合

解答例 🎤

Yes. The current energy sources are not sustainable in the long term, so it's important to explore any possible alternative sources of energy. To make it possible, government investment in this field is essential.

はい。現在のエネルギー源は長期的には持続可能ではないので、何か可能性のある代替エネルギー源を探求することが重要です。それを可能にするためには、この分野への政府の投資が必要不可欠です。

No.（いいえ）の場合

解答例 🎤

No. I don't think it's always good to invest in new sources of energy such as renewable energy because there are many uncertainties about them. We should consider how we can reduce the use of current energy instead.

いいえ。私は、再生可能エネルギーのような新しいエネルギー源に投資するのが必ずしもいいことだとは思いません。なぜなら、新しいエネルギー源については不確定要素が多いからです。代わりに、現在のエネルギーの使用をどのように減らすことができるかを検討すべきです。

□ **invest in ～**── ～に投資する　□ **renewable**── 再生可能な　□ **current**── 現在の
□ **source**── 源　□ **sustainable**── 持続可能な　□ **in the long term**── 長期的には
□ **explore**── ～を探究する　□ **investment in ～**── ～への投資　□ **essential**── 必要不可欠な
□ **uncertainty**── 不確実なこと　□ **instead**── 代わりに

Day5

質問は、「政府は再生可能エネルギーにもっと投資するべきだと思うか」というものです。Do you think 〜?「あなたは〜だと思いますか」と聞かれているので、最初にYes（, I do）.かNo（, I don't）.で自分の意見を明確にしてから、その理由を続けます。

Yes.の解答例では、現在のエネルギー源の持続可能性に焦点を当てています。energy sourcesは「エネルギー源」、sustainableは「持続可能な」という意味です。長期的な視点で見ると現在のエネルギー源に代わる代替エネルギー源の探求が必要と主張しています。To make it possibleのitは前文の内容を指しており、「代替エネルギーの探求」を実現するには政府の投資が必要不可欠だという点に触れています。

No.の解答例では、部分否定not always「必ずしも〜とは限らない」を使って、renewable energy「再生可能エネルギー」のようなものはuncertainties「不確定要素」が多く、必ずしもいいとは言えないと、反対の理由を述べています。続けて、insteadを使い、むしろエネルギーの使用を減らす方法を検討すべきだと、エネルギー問題の解決策を述べています。

4 ｜ 自分の意見を述べる（2）

Should the government ban the production of plastic shopping bags?

政府はビニールの買い物袋の生産を禁止するべきですか。

Yes.（はい）の場合

解答例

Yes. It's a good idea to ban the production of plastic bags considering the damage they do to the environment. People will not stop using plastic bags unless there are no new plastic bags available.

はい。環境への害を考えると、ビニール袋の生産を禁止するのはいい考えです。新しいビニール袋が入手できなくならない限り、人々はビニール袋を使うのをやめないでしょう。

No.（いいえ）の場合

解答例

No. Instead of banning plastic bags, the government should start a campaign to make the public aware of the damage they cause to the environment. Individuals need to be more sensitive to environmental issues.

いいえ。ビニール袋を禁止する代わりに、自分たちが環境に対して引き起こしている害について人々に気付かせるキャンペーンを政府は始めるべきです。個々人が環境問題にもっと敏感になる必要があります。

□ **ban** ── 〜を禁止する　□ **production** ── 生産　□ **considering** ── 〜を考慮すれば
□ **available** ── 入手可能な　□ **instead of 〜** ── 〜の代わりに　□ **the public** ── 一般の人々
□ **aware of 〜** ── 〜に気付いている　□ **individual** ── 個人　□ **sensitive** ── 敏感な
□ **issue** ── 問題

解答の ポイント

質問は、「政府はビニールの買い物袋の生産を禁止するべきか」というものです。最初に、Yes. か No. で自分の意見を明確にしてから、その理由を続けます。

Yes. の解答例では、まず It's a good idea to ban 〜「〜を禁止するのはいい考えだ」と禁止に賛成の意見を示しています。considering は「〜を考慮すれば」という意味です。続けて、「新しいビニール袋が入手できなくならない限り、人々はビニール袋を使うのをやめない」からと、その理由を述べています。この「新しいビニール袋が入手できなくならない限り」という内容を、接続詞 unless「〜である場合を除いて、〜でない限り」を使って unless there are no new plastic bags available と表現しています。

No. の解答例では、ビニール袋の生産を禁止するのではなく、代わりに政府が人々にもっと環境問題に関心を持ってもらうためのキャンペーンを行うことを提案しています。その理由として、Individuals need to be more sensitive to environmental issues. と、環境問題には人々の意識改革が大切だと述べています。

5 | 自 分 の 意 見 を 述 べ る（3）

In order to live a long life, it is important to care about what you eat every day. Do you think people today are concerned enough about eating healthy?

長生きするためには、毎日食べる物に気を使うことが大切です。今日の人々は健康的な食事をすることに十分に配慮していると思いますか。

Yes. (はい) の場合

解答例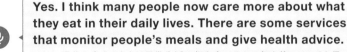

Yes. I think many people now care more about what they eat in their daily lives. There are some services that monitor people's meals and give health advice.

はい。現代の多くの人々は日常生活で何を食べるかに気を使っていると思います。人々の食事をチェックして健康のアドバイスをするサービスもあります。

No. (いいえ) の場合

解答例 🎤

> **No. Many people, especially company employees, are busy and in order to save time, they tend to eat instant food. They also eat at fast food restaurants whose menus contain relatively high-calorie food.**
>
> いいえ。多くの人々、特に会社員は忙しく、時間を節約するためにインスタントフードを食べがちです。彼らは、比較的カロリーの高いメニューが多いファストフードレストランで食べることもあります。

□ **live a long life** ── 長生きする　□ **care about ～** ── ～を気にする
□ **eat healthy** ── 健康的な食事をする　□ **daily life** ── 日常生活　□ **monitor** ── ～をチェックする
□ **especially** ── 特に　□ **tend to *do*** ── ～する傾向がある　□ **instant** ── 即席の
□ **contain** ── ～を含む　□ **relatively** ── 比較的

解答の
ポイント

質問は、「今日の人々は健康的な食事をすることに十分に配慮していると思うかどうか」というものです。Do you think ～?「あなたは～だと思いますか」と聞かれているので、最初にYes(, I do).かNo(, I don't).で自分の意見を明確にしてから、その理由を続けます。

Yes.の解答例では、設問のare concerned enough about eating healthyをcare more about what they eatと言い換えて、自分の立場を明確に示しています。続けて、食事のチェックとアドバイスを行うサービスを具体例として挙げて、食事に対する人々の意識の高まりを裏付けています。

No.の解答例では、会社員を代表に、多くの人々は忙しくて食事に配慮できていないという自分の意見を示しています。続けて、時間を節約するためにinstant food「インスタントフード」やrelatively high-calorie food「比較的カロリーの高い食事」をとることもあると、具体例を挙げています。

Day 6

Sustainable Society
（持続可能な社会）

Day6 問題カード

You have one minute to prepare.

This is a story about a man who worked for a hotel on a small island.
You have two minutes to narrate the story.

Your story should begin with the following sentence:
One day, a man was talking with his coworker at the office.

面接の流れを振り返ろう

左の二次元コードから動画を見ながら、
面接の一連の流れをおさらいしましょう。

1 | イラストを見てナレーション

You have one minute to prepare before you start your narration.
ナレーションを始める前の準備時間は1分です。
Now, please begin your narration. You have two minutes.
では、ナレーションを始めてください。時間は2分間です。

This is a story about a man who worked for a hotel on a small island.
これは小さな島のホテルに勤めていた男性についての話です。

解答例

<u>One day, a man was talking with his coworker at the office.</u> The coworker was showing him a graph that said the number of hotel customers was decreasing, and she told him that they should do something to increase the number of customers. At a staff meeting, the man was proposing an idea to all his staff members. His idea was to build a golf course near the hotel to attract more visitors. Everyone agreed with the man's proposal. The following year, the construction of a golf course began, and construction workers were cutting down some trees. A few months later, the man was reading a newspaper in his office. He found an article that said some animals had lost their homes because of the construction of the new golf course.

ある日、男性はオフィスで同僚と話していました。同僚は彼にホテルの客の数が減っていることを示すグラフを見せており、客の数を増やすために何かするべきだと言いました。スタッフミーティングにて、男性はアイデアをスタッフ全員に提案していました。彼のアイデアは、より多くの訪問者を引きつけるためにホテルの近くにゴルフコースを建設することでした。男性の提案に全員が賛成しました。翌年、ゴルフコースの建設が始まり、建設作業員が木を切っていました。数カ月後、男性はオフィスで新聞を読んでいました。彼は、一部の動物たちが新しいゴルフコースの建設のためにすみかを失ったという記事を見つけました。

2｜イラストについて答える

Please look at the fourth picture.
4枚目の絵を見てください。
If you were the man, what would you be thinking?
もしあなたがこの男性なら、何を考えているでしょうか。

解答例

I'd be thinking, "We should have discussed the impact the golf course would have on nature and animals more. It's important now to find a way to give animals a new home. Otherwise, some people will have a negative image about our hotel."
「自然や動物にゴルフコースが与える影響についてもっと話し合っておくべきだった。動物たちに新しいすみかを与える方法を見つけることが今は重要だ。でなければ、私たちのホテルにネガティブなイメージを持つ人も出てくるだろう」と私は考えているでしょう。

Day6

3｜自分の意見を述べる（1）

Now, Mr./Ms. ―― ――, please turn over the card and put it down.
では、―― ――さん、カードを裏返して置いてください。
Should the government be more active to encourage young people to stay in the countryside?
政府は若者に地方にとどまることをより積極的に奨励すべきでしょうか。

（※Yesの解答例はp.083参照）

No. If young people want to live in cities, I think their decision should be respected. People can enjoy many different types of things in cities that are not available in the countryside.

いいえ。若者が都市に住みたいのであれば、その決定は尊重されるべきだと思います。人々は地方にはないさまざまなことを、都市で楽しむことができます。

4 ┃ 自 分 の 意 見 を 述 べ る （ 2 ）

Do you think that rich countries should do more for poor countries?

豊かな国は貧しい国のためにもっと多くのことをすべきだと思いますか。

（※Noの解答例はp.084参照）

Yes. I know that some rich countries often make generous donations. However, I think more rich countries should try to help poor countries because there are still many people in poor countries who don't even have enough food or clothes.

はい。私は、一部の豊かな国がしばしば多額の寄付をしていることを知っています。しかし、貧しい国には十分な食糧や衣服さえ持てない人がいまだ多くいるため、私はより多くの豊かな国が貧しい国を助けようと努めるべきだと思います。

5 ┃ 自 分 の 意 見 を 述 べ る （ 3 ）

These days, training high-quality teachers has become one of the challenges in the field of education. Should schools ask students to evaluate their teachers?

近年、質の高い教師を育成することが教育現場の課題の1つとなっています。学校は生徒に教師を評価するよう求めるべきですか。

（※Yesの解答例はp.085参照）

No. Since not every student will evaluate their teachers fairly, I don't think it is an effective way. Also, teachers might not be able to perform well when they feel the pressure of being evaluated.

いいえ。すべての生徒が公平に教師を評価するわけではないので、それが効果的な方法だとは思いません。また、教師は評価されるというプレッシャーを感じると、いいパフォーマンスを発揮できないかもしれません。

それぞれの問題を理解しよう

問題ひとつひとつの理解を深めましょう。🎤スピーキングアイコンが
ついている箇所は、アプリ「my-oto-mo」で発音判定ができます。

1 イラストを見てナレーション

This is a story about a man who worked for a hotel on a small island.

これは小さな島のホテルに勤めていた男性についての話です。

ストーリーの展開と場所に着目しよう。2コマ目は、スタッフミーティングで男
性が提案を行っている場面だね。

**You have one minute to prepare before you start your
narration.** ナレーションを始める前の準備時間は1分です。
**Now, please begin your narration. You have two
minutes.** では、ナレーションを始めてください。時間は2分間です。

解答例

<u>One day, a man was talking with his coworker at the
office.</u> The coworker was showing him a graph that
said the number of hotel customers was decreasing,
and she told him that they should do something to
increase the number of customers. At a staff meeting,
the man was proposing an idea to all his staff
members. His idea was to build a golf course near the
hotel to attract more visitors. Everyone agreed with the
man's proposal. The following year, the construction of
a golf course began, and construction workers were
cutting down some trees. A few months later, the man
was reading a newspaper in his office. He found an
article that said some animals had lost their homes
because of the construction of the new golf course.

ある日、男性はオフィスで同僚と話していました。同僚は彼にホテルの客の数が減っていることを示すグラフを見せており、客の数を増やすために何かするべきだと言いました。スタッフミーティングにて、男性はアイデアをスタッフ全員に提案していました。彼のアイデアは、より多くの訪問者を引きつけるためにホテルの近くにゴルフコースを建設することでした。男性の提案に全員が賛成しました。翌年、ゴルフコースの建設が始まり、建設作業員が木を切っていました。数カ月後、男性はオフィスで新聞を読んでいました。彼は、一部の動物たちが新しいゴルフコースの建設のためにすみかを失ったという記事を見つけました。

□ **coworker** — 同僚　□ **propose** — 〜を提案する　□ **staff member** — スタッフ(の一員)
□ **proposal** — 提案　□ **construction** — 建設　□ **cut down 〜** — 〜を切り倒す
□ **article** — 記事

**解答の
ポイント**　ストーリーは男性がオフィスで同僚と会話をしている場面から始まっています。問題カードに記載されている説明文から、男性は小さな島のホテルに勤めていることが分かります。

1コマ目

登場人物の行動や状況と、文字で示されているグラフやセリフの内容を説明しましょう。
同僚の女性が男性にグラフを見せている様子を show *A B*「AにBを見せる」を使って描写します。グラフの内容は、a graph に続けて関係代名詞 that と動詞 said を使って説明することができます。女性のセリフは間接話法 tell *A* that 〜「Aに〜と言う」で描写します。セリフにある代名詞を we から they に変えることが注意点です。

2コマ目

At a staff meeting とあるので、「スタッフミーティング」の最中に場面が変わったことが分かります。
男性が他のメンバーに対して提案を行っている場面であることを説明してから、その内容を His idea was to 〜.「彼のアイデアは〜することでした」という to 不定詞を使った形で述べましょう。なお、to attract more visitors「より多くの訪問者を引きつけるために」という部分は、1コマ目の女性の発言と関連させて、男性がこのような案を出した目的を説明するものです。最後に、周りのスタッフの反応を簡単に描写しています。

3コマ目

The following yearとあるので、男性が提案を行った「次の年」に場面が切り替わったことが分かります。木が切り倒されている様子からゴルフコースの建設が開始されたことを読み取り、描写します。作業をしている人たちはまとめてconstruction workers「建設作業員」と訳し、cut down 〜「〜を切り倒す」という表現を使って動作を描写しましょう。1人1人の行動を詳細に説明する必要はありません。なお、イラストでは木を1本しか切っていませんが、何本か切っていると考える方が自然ですので、a treeではなく、some treesとするとよいでしょう。

4コマ目

A few months laterとあるので、「数カ月後」の場面だと分かります。登場人物の動作を述べてから、文字情報から読み取れることを説明しましょう。

解答例では、新聞記事の内容をan article that said 〜と描写していますが、an article saying, "〜"のように表現することもできます。"〜"の部分に、記事に描かれている文字を入れるだけでOKです。この場合は、時制の変化などを考えず、イラストに描かれている文字情報をそのまま述べればよいので、より簡単になります。

Please look at the fourth picture.
4枚目の絵を見てください。
If you were the man, what would you be thinking?
もしあなたがこの男性なら、何を考えているでしょうか。

解答例

I'd be thinking, "We should have discussed the impact the golf course would have on nature and animals more. It's important now to find a way to give animals a new home. Otherwise, some people will have a negative image about our hotel."

「自然や動物にゴルフコースが与える影響についてもっと話し合っておくべきだった。動物たちに新しいすみかを与える方法を見つけることが今は重要だ。でなければ、私たちのホテルにネガティブなイメージを持つ人も出てくるだろう」と私は考えているでしょう。

□ **impact** — 影響　□ **otherwise** — そうでなければ　□ **negative** — ネガティブな
□ **image** — イメージ

解答の
ポイント

what would you be thinking? という質問なので、解答はそれに合わせて I'd be thinking で始めます。解答例では「〜すべきだった（のにしなかった）」という意味を表す〈should have ＋過去分詞〉の形を使って、ゴルフコース建設が自然や動物に与える影響をもっと話し合っておくべきだったと反省の気持ちを表しています。続けて、動物たちのすみかを見つけることが重要だと今後の課題を述べ、そうしないとホテルの評判が悪くなると懸念を示しています。

3 | 自分の意見を述べる (1)

Now, Mr./Ms. ―― ――, please turn over the card and put it down.
では、―― ―― さん、カードを裏返して置いてください。

Should the government be more active to encourage young people to stay in the countryside?
政府は若者に地方にとどまることをより積極的に奨励すべきでしょうか。

Yes. (はい) の場合

解答例 🎤

Yes. I think the government should work harder to encourage young people to stay in the countryside. This is because the decrease in population is getting more and more serious in some rural areas in Japan.

はい。政府は若者に地方にとどまることを奨励するため、より熱心に働きかけるべきだと思います。それはなぜかと言うと、日本の一部の地方では人口の減少がますます深刻になってきているからです。

No. (いいえ) の場合

解答例 🎤

No. If young people want to live in cities, I think their decision should be respected. People can enjoy many different types of things in cities that are not available in the countryside.

いいえ。若者が都市に住みたいのであれば、その決定は尊重されるべきだと思います。人々は地方にはないさまざまなことを、都市で楽しむことができます。

□ **encourage A to do** ── A に〜するよう促す　□ **the countryside** ── 地方
□ **serious** ── 深刻な　□ **rural** ── 田舎の、地方部の

> **解答の ポイント**
> 面接官は、「政府は若者に地方にとどまることをより積極的に奨励すべきか」と質問しています。最初に、Yes. か No. で自分の意見を明確にしてから、その理由を続けます。Yes. の解答例では、the government should work harder to encourage young people to stay in the countryside と、設問の内容を言い換えて繰り返しています。次の文で、This is because「それはなぜかと言うと」に続けて、一部の地方では人口減少が深刻な問題になってきていると、その理由を述べています。

Day6

No.の解答例では、都市に住みたい若者の気持ちは尊重されるべきだという意見を述べています。その後、意見を裏付ける理由として、都市では地方にはないさまざまなことが楽しめると付け加えています。

4 | 自 分 の 意 見 を 述 べ る（2）

Do you think that rich countries should do more for poor countries?
豊かな国は貧しい国のためにもっと多くのことをすべきだと思いますか。

Yes.（はい）の場合

解答例

Yes. I know that some rich countries often make generous donations. However, I think more rich countries should try to help poor countries because there are still many people in poor countries who don't even have enough food or clothes.

はい。私は、一部の豊かな国がしばしば多額の寄付をしていることを知っています。しかし、貧しい国には十分な食糧や衣服さえ持てない人がいまだ多くいるため、私はより多くの豊かな国が貧しい国を助けようと努めるべきだと思います。

No.（いいえ）の場合

解答例

No. Poor countries already receive significant support from rich countries. I think that it doesn't reach the people who actually need help, so poor countries should make good use of it.

いいえ。貧しい国は豊かな国からすでにかなりの援助を受けています。私は、それが本当に助けを必要としている人に届かないので、貧しい国はそれを有効活用するべきだと思います。

□ **poor** ── 貧しい　□ **make a donation** ── 寄付する　□ **generous** ── 気前のいい
□ **significant** ── かなりの　□ **reach** ── 〜に届く　□ **make good use of 〜** ── 〜を有効活用する

解答の
ポイント

質問は、「豊かな国は貧しい国のためにもっと多くのことをすべきだと思うか」というものです。最初にYes（, I do）. か No（, I don't）. で自分の意見を明確にしてから、その理由を続けます。
Yes.の解答例では、一部の豊かな国がすでに多額の寄付をしていることを認めつつ、まだ衣食が不足している人々がいるため、さらなる支援が必要だと意見を展開しています。

No.の解答例では最初に、貧しい国はすでにかなりの支援を受けていることに言及しています。その上で、実際に必要としている人のもとに支援が届いていないので、貧しい国は支援を有効活用すべきだと、自分の意見を述べています。make good use of ～「～を有効活用する」はさまざまな場面で使える重要表現です。

5 | 自 分 の 意 見 を 述 べ る (3)

These days, training high-quality teachers has become one of the challenges in the field of education. Should schools ask students to evaluate their teachers?

近年、質の高い教師を育成することが教育現場の課題の1つとなっています。学校は生徒に教師を評価するよう求めるべきですか。

Yes.(はい)の場合

解答例

Yes. I think that will help teachers to give better classes. For example, teachers can get feedback about their way of teaching by asking students to fill out a questionnaire.

はい。それは教師がよりよい授業を行うのに役立つと思います。例えば、アンケートに記入するよう生徒に頼むことで、教師は自身の教え方についてフィードバックを得ることができます。

No.(いいえ)の場合

解答例

No. Since not every student will evaluate their teachers fairly, I don't think it is an effective way. Also, teachers might not be able to perform well when they feel the pressure of being evaluated.

いいえ。すべての生徒が公平に教師を評価するわけではないので、それが効果的な方法だとは思いません。また、教師は評価されるというプレッシャーを感じると、いいパフォーマンスを発揮できないかもしれません。

□ **challenge** — 課題　□ **field** — 分野　□ **education** — 教育　□ **evaluate** — ～を評価する
□ **feedback** — フィードバック、意見、感想　□ **fill out ～** — ～に記入する
□ **questionnaire** — アンケート　□ **fairly** — 公平に　□ **effective** — 効果的な
□ **pressure** — プレッシャー

解答の
ポイント　質問は、「学校は生徒に教師を評価するよう求めるべきか」というものです。最初に、
　　　　　Yes. か No. で自分の意見を明確にしてから、その理由を続けます。

Yes. の解答例では、that will help teachers to give better classes「それは教師がよりよ
い授業を行うのに役立つ」と、生徒に教師の評価をしてもらうことで、質の高い教師の育成
に役立つという意見を述べています。そして For example「例えば」と文を続け、評価方法
に関する具体例を提示しています。

No. の解答例では、生徒全員が教師を fairly「公平に」評価するわけではないため、それは
effective「効果的」ではないだろうと、理由を述べています。その後、Also「また」という表
現に続けて、2つ目の理由を挙げています。教師がプレッシャーを感じていいパフォーマンス
が発揮できないかもしれないという、生徒による評価が逆効果になる可能性を指摘したもの
です。

Day 7

Environmental Preservation
（環境保全）

You have one minute to prepare.

This is a story about a man who wanted to do volunteer work.
You have two minutes to narrate the story.

Your story should begin with the following sentence:
One day, a man and his wife were surfing the Internet.

1　　　　　2　　　　　3　　　　　4

面接の流れを振り返ろう

左の二次元コードから動画を見ながら、
面接の一連の流れをおさらいしましょう。

左の二次元コードから動画を見ながら、

1 | イラストを見てナレーション

You have one minute to prepare before you start your narration.
ナレーションを始める前の準備時間は1分です。
Now, please begin your narration. You have two minutes.
では、ナレーションを始めてください。時間は2分間です。

This is a story about a man who wanted to do volunteer work.
これはボランティア活動をしたいと思っていた男性についての話です。

解答例

One day, a man and his wife were surfing the Internet. They were looking at a website saying, "Looking for some volunteers to clean the beach." An hour later, the man and his wife were checking their schedule on the calendar on the wall. The website showed information about the volunteer center and the man was making a phone call. A week later, the man and his wife went to the beach and started to pick up garbage with other participants. They were enjoying cleaning the beach. The next month, the man and his wife were looking at the beach, and there was a lot of garbage. His wife looked sad and said that the beach was dirty again.

ある日、ある男性と彼の妻がネットサーフィンをしていました。彼らは「海岸清掃ボランティア募集」というウェブサイトを見ていました。1時間後、男性と彼の妻は壁にかかったカレンダーにある予定を確認していました。ウェブサイトにはボランティアセンターについての情報が載っていて、男性は電話をかけていました。1週間後、男性と彼の妻は海岸に行き、他の参加者と一緒にごみ拾いを始めました。彼らは海岸の清掃を楽しんでいました。翌月、男性と彼の妻は海岸を見ていましたが、たくさんのごみがありました。彼の妻はとても悲しそうな様子で、海岸がまた汚くなっていると言いました。

2｜イラストについて答える

Please look at the fourth picture.
4枚目の絵を見てください。
If you were the man, what would you be thinking?
もしあなたがこの男性なら、何を考えているでしょうか。

解答例

I'd be thinking, "Maybe we should have discussed a way to remind people to use the beach cleanly. We will have to come and clean the beach again and again if people do not care about how they behave at the beach."

「人々に海岸をきれいに使うように注意喚起する方法を話し合うべきだったかもしれない。どのように海岸で行動するか人々が気にしなければ、私たちは何度も海岸に来て掃除しなくてはいけないだろう」と私は考えているでしょう。

3｜自分の意見を述べる（1）

Now, Mr./Ms. ——— ———, please turn over the card and put it down.
では、——— ———さん、カードを裏返して置いてください。
Do you think that companies should make more efforts to become eco-friendly?
企業は環境にやさしくなるためにより努力するべきだと思いますか。

（※ No の解答例は p.095 参照）

解答例

Yes. There are still many companies that don't put emphasis on the environment. So, I think companies should educate their employees to take time to think about what they can do to protect and improve it.

はい。環境を重視していない企業はまだ多くあります。ですから、環境を保護し改善するために何ができるか考える時間をとるよう、企業は従業員に指導するべきだと思います。

4 | 自分の意見を述べる（2）

Do you think the government should control some information on the Internet?

政府はインターネット上の一部の情報を規制すべきだと思いますか。

（※ Yes の解答例は p.096 参照）

解答例

No. The government should not control information on the Internet. In Japan, freedom of speech is guaranteed by the Japanese constitution. To control people's statements on the Internet violates the basic human right of freedom of expression.

いいえ。政府はインターネット上の情報を規制すべきではありません。日本では、日本国憲法によって言論の自由が保障されています。インターネット上で人々の発言を規制することは、表現の自由という基本的人権を侵害することになります。

5 | 自分の意見を述べる（3）

Today, opportunities to meet others in person have decreased because of advanced technology. Do you think that face-to-face communication is better than other types of communication?

今日では、先進技術が理由で、他の人に直接会う機会は少なくなりました。対面のコミュニケーションは、他のタイプのコミュニケーションよりもいいと思いますか。

（※ No の解答例は p.098 参照）

解答例

Yes. I think face-to-face communication helps people to form a good relationship faster. It's true that current technology such as e-mail and the Internet makes it easier for us to communicate, but face-to-face communication is still very important.

はい。対面のコミュニケーションは、人々がいい関係をより早く構築するのを助けると思います。Eメールやインターネットなどの現在の科学技術によって、私たちがコミュニケーションをより簡単にとれるようになっているのは事実ですが、対面のコミュニケーションは依然としてとても重要です。

それぞれの問題を理解しよう

問題ひとつひとつの理解を深めましょう。🎤スピーキングアイコンがついている箇所は、アプリ「my-oto-mo」で発音判定ができます。

1 | イラストを見てナレーション

This is a story about a man who wanted to do volunteer work.

これはボランティア活動をしたいと思っていた男性についての話です。

1コマ目では、男性と女性の2人がパソコンで何かを見ているね。イラストの後半は海辺に場面が切り替わっていることに着目しよう。

You have one minute to prepare before you start your narration. ナレーションを始める前の準備時間は1分です。
Now, please begin your narration. You have two minutes. では、ナレーションを始めてください。時間は2分間です。

解答例

One day, a man and his wife were surfing the Internet. They were looking at a website saying, "Looking for some volunteers to clean the beach." An hour later, the man and his wife were checking their schedule on the calendar on the wall. The website showed information about the volunteer center and the man was making a phone call. A week later, the man and his wife went to the beach and started to pick up garbage with other participants. They were enjoying cleaning the beach. The next month, the man and his wife were looking at the beach, and there was a lot of garbage. His wife looked sad and said that the beach was dirty again.

ある日、ある男性と彼の妻がネットサーフィンをしていました。彼らは「海岸清掃ボランティア募集」というウェブサイトを見ていました。1時間後、男性と彼の妻は壁にかかったカレンダーにある予定を確認していました。ウェブサイトにはボランティアセンターについての情報が載っていて、男性は電話をかけていました。1週間後、男性と彼の妻は海岸に行き、他の参加者と一緒にごみ拾いを始めました。彼らは海岸の清掃を楽しんでいました。翌月、男性と彼の妻は海岸を見ていましたが、たくさんのごみがありました。彼の妻はとても悲しそうな様子で、海岸がまた汚くなっていると言いました。

□ **volunteer** ── ボランティア　□ **surf the Internet** ── ネットサーフィンをする
□ **look for ～** ── ～を探す　□ **make a phone call** ── 電話をかける　□ **pick up ～** ── ～を拾う
□ **garbage** ── ごみ　□ **participant** ── 参加者　□ **dirty** ── 汚れた

解答の ポイント　問題カードに記載されている説明文とナレーションの1文目から、2人は夫婦であり、男性はボランティア活動に興味を持っていることを読み取りましょう。ストーリーは、2人が自宅でネットサーフィンをしている場面から始まっています。

1コマ目

登場人物の動作と、文字情報が示すウェブサイトの内容を説明しましょう。
解答例ではウェブサイトの内容を示すために、現在分詞 saying を使って website を修飾し、a website saying, "～"「『～』というウェブサイト」と描写しています。

2コマ目

登場人物がカレンダーを見ているという動作を述べてから、ウェブサイトにはボランティアセンターの情報が表示されていることと、男性が電話をしている様子の2点を描写します。
ボランティア団体の名称や電話番号といった画面に表示されている情報は、まとめて information about the volunteer center「ボランティアセンターについての情報」と表現することができます。

3コマ目

場面が変わり、夫婦はごみ拾いのためにビーチに来ていることが分かります。他の参加者もいることがイラストから読み取れます。これらのことを簡潔に述べましょう。「ごみ拾いをする」はpick up garbageで言い表せます。

解答例ではこれに続けて、夫婦の表情にも着目し、ごみ拾いを楽しそうに行っている様子をenjoy cleaning the beachと描写しています。

4コマ目

The next monthとあるので、ごみ拾いをしてから1カ月後のビーチの様子だと分かります。イラストからは、ビーチにはごみが散乱していて、夫婦が悲しそうな表情をしていることが読み取れます。女性の様子はlook「〜に見える」を使って、また、吹き出しのセリフは間接話法say that 〜「〜と言う」を使って描写します。時制を過去形に変えることに注意しましょう。

Please look at the fourth picture.
4枚目の絵を見てください。

If you were the man, what would you be thinking?
もしあなたがこの男性なら、何を考えているでしょうか。

解答例 🎤

I'd be thinking, "Maybe we should have discussed a way to remind people to use the beach cleanly. We will have to come and clean the beach again and again if people do not care about how they behave at the beach."

「人々に海岸をきれいに使うように注意喚起する方法を話し合うべきだったかもしれない。どのように海岸で行動するか人々が気にしなければ、私たちは何度も海岸に来て掃除しなくてはいけないだろう」と私は考えているでしょう。

□ **remind *A* to *do*** ── Aに〜することを気付かせる　□ **cleanly** ── きれいに

□ **again and again** ── 何度も何度も　□ **care about 〜** ── 〜を気にする　□ **behave** ── 振る舞う

解答の
ポイント

what would you be thinking? という質問なので、解答はそれに合わせて I'd be thinking で始めます。解答例では〈should have ＋過去分詞〉を使って、人々に海岸をきれいに使用してもらう方法を議論すべきだったと反省点を述べています。続けて、仮定の接続詞 if を用いて、人々が海岸でどのように行動するかを気にしなければ、何度も掃除をしなくてはならないと問題点を述べています。care about 〜は「〜を気にする」という意味です。how they behave の how を the way と置き換えて、care about the way they behave と表現することもできます。

Now, Mr./Ms. —— ——, please turn over the card and put it down.
では、—— —— さん、カードを裏返して置いてください。

Do you think that companies should make more efforts to become eco-friendly?
企業は環境にやさしくなるためにより努力するべきだと思いますか。

Yes.（はい）の場合

解答例

Yes. There are still many companies that don't put emphasis on the environment. So, I think companies should educate their employees to take time to think about what they can do to protect and improve it.
はい。環境を重視していない企業はまだ多くあります。ですから、環境を保護し改善するために何ができるか考える時間をとるよう、企業は従業員に指導するべきだと思います。

No.（いいえ）の場合

解答例

No. I think many companies have already been using volunteer projects to protect the environment. There are some companies whose facilities are designed to be eco-friendly.
いいえ。多くの企業がすでに環境保護のためのボランティアプロジェクトを利用していると思います。施設が環境にやさしい設計になっている企業もあります。

□ **eco-friendly** ── エコフレンドリーな、環境にやさしい
□ **put emphasis on ～** ── ～を重視する　□ **educate A to do** ── Aを～するよう教育する
□ **employee** ── 従業員　□ **take time** ── 時間をとる　□ **protect** ── ～を保護する
□ **volunteer** ── 自発的な、ボランティアの　□ **facility** ── 施設　□ **design** ── ～を設計する

4 | 自 分 の 意 見 を 述 べ る (2)

Do you think the government should control some information on the Internet?
政府はインターネット上の一部の情報を規制すべきだと思いますか。

Yes.（はい）の場合

解答例

Yes. There are many websites that can lead to crimes and accidents. Those websites must be censored. In particular, it's very important to protect the elderly without Internet literacy and young people who don't know what is right and wrong.

はい。犯罪や事故につながりかねないウェブサイトはたくさんあります。それらのウェブサイトは検閲されるべきです。特に、インターネットリテラシーのない高齢者と善悪の区別がつかない若者を守ることはとても大切です。

No.（いいえ）の場合

解答例

No. The government should not control information on the Internet. In Japan, freedom of speech is guaranteed by the Japanese constitution. To control people's statements on the Internet violates the basic human right of freedom of expression.

いいえ。政府はインターネット上の情報を規制すべきではありません。日本では、日本国憲法によって言論の自由が保障されています。インターネット上で人々の発言を規制することは、表現の自由という基本的人権を侵害することになります。

□ **control** — 〜を規制する　□ **lead to 〜** — 〜につながる　□ **crime** — 犯罪
□ **censor** — 〜を検閲する　□ **in particular** — 特に　□ **the elderly** — 年配の人たち
□ **literacy** — リテラシー　□ **freedom of speech** — 言論の自由
□ **guarantee** — 〜を保障する　□ **constitution** — 憲法　□ **statement** — 発言
□ **violate** — 〜を侵害する　□ **human right** — 人権　□ **freedom of expression** — 表現の自由

**解答の
ポイント**　質問は、「政府はインターネット上の一部の情報を規制すべきだと思うか」というもの
です。最初にYes(, I do).かNo(, I don't).で自分の意見を明確にしてから、その理
由を続けます。

Yes.の解答例では、lead to 〜「〜（という結果）につながる」という表現を使って、ウェブサ
イトが犯罪や事故につながることが少なくないと述べ、そのために検閲が必要だと説明して
います。特に、高齢者や若者を守ることが必要だと、さらに理由を展開して意見を補強して
います。

No.の解答例では、freedom of speech「言論の自由」を反対意見として挙げています。
Japanese constitution「日本国憲法」やbasic human right「基本的人権」などの簡単な
法律用語も、自分の意見を述べるときに使えるよう、整理して覚えておくとよいでしょう。

---

5 | 自 分 の 意 見 を 述 べ る（ 3 ）

**Today, opportunities to meet others in person have
decreased because of advanced technology. Do you
think that face-to-face communication is better than
other types of communication?**

今日では、先進技術が理由で、他の人に直接会う機会は少なくなりました。対面の
コミュニケーションは、他のタイプのコミュニケーションよりもいいと思いますか。

Yes.（はい）の場合

解答例

**Yes. I think face-to-face communication helps people
to form a good relationship faster. It's true that current
technology such as e-mail and the Internet makes it
easier for us to communicate, but face-to-face
communication is still very important.**

はい。対面のコミュニケーションは、人々がいい関係をより早く構築するのを助け
ると思います。EメールやインターネットなどのAの科学技術によって、私たちが
コミュニケーションをより簡単にとれるようになっているのは事実ですが、対面のコ
ミュニケーションは依然としてとても重要です。

Day7

No.(いいえ)の場合

解答例 🎤

No. There are many people who feel nervous and uneasy when engaging in face-to-face communication. I think other types of communication using the Internet are much easier and smoother.

いいえ。対面のコミュニケーションをとる際に、緊張や不安を感じる人が多くいます。私は、インターネットを使った他のタイプのコミュニケーションの方がはるかに簡単でスムーズだと思います。

☐ **decrease** — 減少する ☐ **advanced** — 先進の ☐ **face-to-face** — 対面の
☐ **help A to do** — Aが〜するのを助ける ☐ **form** — 〜を形成する ☐ **current** — 現在の
☐ **uneasy** — 不安な ☐ **engage in 〜** — 〜に従事する

解答の ポイント

面接官は「対面のコミュニケーションは、他のタイプのコミュニケーションよりもいいと思うか」を尋ねています。Do you think 〜?「あなたは〜だと思いますか」と聞かれているので、最初にYes(, I do).かNo(, I don't).で自分の意見を明確にしてから、その理由を続けます。

Yes.の解答例では、いい人間関係を早く構築できることを理由として述べています。Eメールやインターネットも簡単にコミュニケーションがとれるという利点があると認めながら、butに続けて対面コミュニケーションをstill very important「依然としてとても重要」であると締めくくっています。

No.の解答例では、対面コミュニケーションにはfeel nervous and uneasy「緊張や不安を感じる」場合があると、その問題点を述べています。続けて、インターネットを使ったコミュニケーションの方が簡単でスムーズだと、対面以外のコミュニケーションの利点を挙げています。

7日間完成!
英検®準1級 二次試験・面接対策
予想問題集

デザイン	小口翔平＋嵩あかり(tobufune)
イラスト	加納徳博(キャラクターイラスト)、日江井香(問題イラスト)、三木もとこ(面接場面イラスト)
執筆・編集協力	株式会社メディアビーコン
英文校閲	Billie S
校正	挙市玲子
動画撮影	斉藤秀明
動画出演	株式会社 TOKYO GLOBAL GATEWAY
音声収録・編集	一般財団法人英語教育協議会(ELEC)
DTP・動画編集	株式会社四国写研
印刷所	株式会社リーブルテック
編集	髙野直子
販売	小林慎太郎

直前10分で
いっき読み！

面接合格
サポートBOOK

英検®準1級 二次試験・面接対策
予想問題集

Gakken

直前10分で
いっき読み！ →

面接合格
サポートBOOK

もくじ

Gakken

まずは面接の流れをおさらいしよう!

英検準1級の二次試験は面接官と受験者の1対1で、全てのコミュニケーションは英語で行われます。所要時間は約8分です。

1 | 入室

入室したら、まず面接官に対して**Hello.**（こんにちは。）や**Good morning.**（おはようございます。）と笑顔で挨拶をしましょう。その後、**Can I have your card, please?**（あなたのカードをいただけますか。）と面接官から指示されるので、**Here you are.**（どうぞ。）と言いながら「面接カード」を手渡します。

Please have a seat.（お座りください。）と指示されたら、**Thank you.**（ありがとうございます。）と応じて、着席しましょう。

2 | 名前と受験級の確認

面接官に**May I have your name?**（お名前は何ですか。）と名前を尋ねられるので、**My name is ~.**（私の名前は~です。）で答えましょう。また、そ

のときに**This is the Grade Pre-1 test. Okay?**（これは準1級のテストです。大丈夫ですか。）と受験級の確認もされます。名前と受験級の確認が終わると、いくつか質問（簡単な挨拶）をされるので、落ち着いて応じましょう。

3 | ナレーションを考える

面接官から「問題カード」を渡されるので、**Thank you.**（ありがとうございます。）と言って受け取りましょう。**You have one minute to prepare before you start your narration.**

（ナレーションを始める前の準備時間は**1分**です。）と指示されたら、1分間で「問題カード」の説明文と4コマのイラストを確認し、ナレーションの内容を考えます。

4 | ナレーション

1分後、**Now, please begin your narration. You have two minutes.**（では、ナレーションを始めてください。時間は2分間です。）と指示されたら、「問題カード」に記載されている1文目からナレーションを始めます。

5 | 質問に答える

ナレーションが終わると、「問題カード」のトピックに関連した質問などがされます。積極的に自分の意見を話しましょう。

6 | 問題カードの返却

質問が終わると、面接官から**May I have the card back, please?**（カードを返していただけますか。）と、「問題カード」を返すように指示されます。**Here you are.**（どうぞ。）などと言って「問題カード」を返却しましょう。退室を指示されたら、**Thank**

Thank you.

you very much.（ありがとうございました。）などとお礼を述べ、**Goodbye.**（さようなら。）と別れの挨拶をしてから退室しましょう。

面接直前の不安を解消! Q & A

Q 試験開始前の挨拶や、面接官とのやりとりは、合否に関係ある?

A 評価基準の1つであるアティチュード(積極的にコミュニケーションを取ろうとする態度)の点数に影響するよ。自己紹介を元気にはきはきと言えるようにするなど、準備しておこう。

Q 質問が聞き取れなかったときは?

A まずは焦らず、p.08の「聞き返すとき・間をつなぐときのフレーズ」を参考に聞き返そう。1, 2回程度なら聞き返しても問題ないよ。

Q 社会的な話題が苦手な場合はどうすれば…?

A よく問われるトピックに対しては、大まかな意見を英語で言えるようにしておこう。英語のニュースや新聞記事に、日常的に触れておくのもおすすめ。

Q ナレーションでは、発音も得点に関係する?

 A 発音も重要な判定基準。母音と子音の音のつながりを意識しよう。あとは、意味ごとに区切りながら、重要な内容の箇所は強調して読み上げるといいよ。

 Q ナレーションをするときのコツは?

 A 話の展開に注意して、after that や however などの"つなぎ言葉"をうまく使おう。4コマ目で話の流れが変わるのが定番だよ。

 Q 制限時間内にうまくナレーションをするには?

 A 練習のときも時間を測って、時間の感覚をつけておこう。1つのコマに対する説明を2文程度におさめると、ちょうどいい時間配分になるよ。

 Q 難しい語彙や文法を使った方がいいの?

 A 相手の英語を理解し、伝わる英語を話せていることが重要。無理に難しい語句を使おうとする必要はないよ!

覚えておくと役に立つ！面接フレーズ集

試験前の簡単な挨拶

How are you today?
今日の調子はどうですか。

☐ **I'm good, thank you.**
元気です、ありがとうございます。

☐ **I'm fine, but a little nervous.**
元気ですが、少し緊張しています。

How did you come here today?
今日はどうやってここまで来ましたか。

☐ **I came here by train.**
ここまで電車で来ました。

☐ **I came here on foot.**
ここまで歩いて来ました。

Could you tell me about yourself?
あなた自身について教えていただけますか。

☐ **I'm a university student. I am studying foreign cultures.**
私は大学生です。外国の文化を勉強しています。

☐ **I work for a trading company. I love learning English.**
私は貿易会社に勤めています。英語を学ぶのが大好きです。

面接官がよく使う表現

☐ **Please come in.**
どうぞお入りください。

☐ **Can I have your card, please?**
あなたのカードをいただけますか。

☐ **Please have a seat.**
お座りください。

☐ **May I have your name?**
お名前は何ですか。

☐ **This is the Grade Pre-1 test.**
これは準1級のテストです。

☐ **Let's start the test.**
それではテストを始めましょう。

☐ **This is your card.**
これはあなたのカードです。

☐ **You have one minute to prepare before you start your narration.**
ナレーションを始める前の準備時間は1分です。

☐ **Now, please begin your narration. You have two minutes.**
では、ナレーションを始めてください。時間は2分間です。

☐ **Please look at the fourth picture.**
4枚目の絵を見てください。

☐ **Please turn over the card and put it down.**
カードを裏返して置いてください。

☐ **May I have the card back, please?**
カードを返していただけますか。

聞き返すとき・間をつなぐときのフレーズ

☐ **I beg your pardon?**
もう一度言っていただけますか。

☐ **I'm sorry?**
もう一度言っていただけますか。

☐ **Could you say that again?**
もう一度言っていただけますか。

☐ **Well ...**
ええと…

☐ **Let me see ...**
ええと…

☐ **How should I say ...**
どう言えばいいか…

ここからは試験での意見問題の質問例と、その解答例を紹介するよ！

政 治 ・ 社 会

Do you think that people in Japan have enough interest in political matters?
日本の人々は政治問題に十分な関心があると思いますか。

☐ **Yes. Many people join demonstrations about war, law, and nuclear power. Additionally, most people show interest when the media covers political corruption.**
はい。戦争、法、原発に関するデモに参加する人は多いです。また、メディアが政治の不正行為を取り上げると、ほとんどの人々が関心を示します。

☐ **No. In Japan, the number of people who vote is decreasing, especially among young people. Many of them think that voting has no influence on politics.**

いいえ。日本では特に若い人の間で、選挙に行く人が減っています。彼らの多くは、投票しても政治には何の影響も与えられないと思っています。

Is it a good idea for the government to have access to people's private information?

政府が人々の個人情報にアクセスできることは、いい案ですか。

☐ **Yes. Having people's information is necessary for the government to protect them from crimes. If the government can access personal data, it can easily arrest criminals.**

はい。人々の情報を持っていることは、政府が犯罪から人々を守るために必要です。政府が個人情報にアクセスできれば、簡単に犯罪者を逮捕することができます。

☐ **No. People's privacy should be protected no matter what. Also, there is a possibility that government staff might leak the information to other people. It can be even used for crimes.**

いいえ。人々のプライバシーは何があっても守られるべきです。また、政府の職員が、情報をほかの人に漏らしてしまう可能性もあります。それが犯罪に利用されることすら起こりうるのです。

面接の流れ

Q&A

フレーズ集

09

Should the Japanese government do more to solve the problem of its aging society?

日本政府は、高齢化社会の問題を解決するためにもっと努力をするべきですか。

☐ **Yes. The aging population in Japan is increasing year by year. The economy and people's lives could be in crisis because of this. The government should take measures to make a society where people can have kids more easily.**

はい。日本の高齢人口は年々増加しています。このために、経済や人々の生活が危機に陥る可能性があります。政府は、人々がより子供を持ちやすい社会を作るための政策を打つべきです。

☐ **No. The government is already spending enough on this problem. They should balance it with other issues like education and the economy. The sources are limited, so we should not focus too much on only one problem.**

いいえ。政府はすでに、この問題に十分費やしています。教育や経済といった、ほかの課題とのバランスを取るべきです。資源は限られているので、1つの問題だけに集中し過ぎるべきではありません。

Do you think that Japan has enough welfare services for elderly people?

日本には、高齢者のための福祉サービスが十分にあると思いますか。

☐ **Yes. With Japan's aging population, there are more and more services that elderly people and their families can use. People can choose from various kinds depending on what they need.**

はい。日本の人口の高齢化に伴い、高齢者やその家族が使えるサービスの数は増えています。人々は必要に合わせて、さまざまな種類から選ぶことができます。

☐ **No. Considering the high demand, there are not enough services people can use. For example, some people need to wait for a long time before they can move into care homes.**

いいえ。需要の高さを考慮すると、人々が使えるサービスの数は十分ではありません。例えば、介護施設に入る前に長い間待たなければならない人もいます。

教育

Do you think that everyone should go to university?
すべての人が大学に行くべきだと思いますか。

☐ **Yes. People can gain special knowledge or skills at university, and that would give them more opportunities for their careers. Also, some jobs require university degrees, and such jobs often offer higher salaries.**

はい。人々は大学で専門的な知識やスキルを得ることができ、それによって彼らのキャリアのチャンスも広がります。また、大学の学位を必要とする仕事もあり、そのような仕事はより高い給料を提示していることが多いです。

☐ **No. Going to university costs a lot of money. Some students get loans and find it difficult to pay them back after graduation. Also, many jobs require practical skills more than academic knowledge.**

いいえ。大学に行くことには多額の費用がかかります。ローンを借りて、卒業後、返済が難しくなる学生もいます。また、学問的な知識よりも実践的なスキルを必要とする仕事もたくさんあります。

Do you think children should start learning English before they enter elementary school?

子どもは小学校に入る前に英語を勉強し始めるべきだと思いますか。

☐ **Yes. Because of globalization, the necessity of English is increasing. By starting from a young age, learning English will be much easier. Also, becoming fluent in English expands their world.**

はい。グローバル化が進み、英語の必要性はますます高まっています。幼いころから始めることで、英語を習得することがはるかに簡単になります。また、英語が流暢になることは、彼らの世界を広げることになります。

☐ **No. They should first focus on learning their native language. Starting to learn English too early might delay the development of their native language. It's not too late if they start studying English after they enter elementary school.**

いいえ。彼らはまず、母国語の習得に集中すべきです。早すぎる時期に英語を学び始めると、母国語の発達を遅らせることにもつながりかねません。小学校に入ってから英語を勉強し始めても、決して遅くはありません。

Should students do volunteer work to help society?

学生は、社会を助けるためにボランティア活動をするべきですか。

☐ **Yes. Doing volunteer work will be beneficial for not only society but also for students themselves. Through volunteer work, students can develop their skills such as teamwork or leadership.**

はい。ボランティア活動をすることは、社会にとってだけでなく、学生自身にとっても有益です。ボランティア活動を通じて、学生はチームワークやリーダーシップなどのスキルを伸ばすことができます。

☐ **No. Volunteer activities could take too much time and cause too much stress for students. Students should focus on studying. If they study hard and get jobs, they can contribute to society later on.**

いいえ。ボランティア活動はあまりにも多くの時間を要し、学生に過度なストレスを与える可能性があります。学生は勉強に集中するべきです。彼らが一生懸命勉強して職に就けば、そのあとで社会に貢献することができます。

Do you think school should teach students about financial literacy?

学校は、金融リテラシーについて学生に教えるべきだと思いますか。

☐ **Yes. It is important to learn about saving and financial management at a young age. It will prevent students from suffering from debt in the future.**

はい。若いうちに貯金や金銭管理について学ぶことは重要です。そうすることで、学生が将来、借金に苦しむのを防ぐことができます。

☐ **No. School curriculums should focus on core subjects rather than finance because the time spent in school is limited. Parents should teach financial literacy to their children through their daily life instead.**

いいえ。学校で過ごす時間は限られているので、学校のカリキュラムは、金融よりも主要な教科に集中するべきです。代わりに、親が日常生活を通して子どもに金融リテラシーについて教えるべきです。

環境

Do you think that individuals should make more efforts to stop climate change?

気候変動を止めるために、個々人がもっと努力すべきだと思いますか。

☐ **Yes. There are many things people can do to stop climate change. For example, they can unplug devices that are not in use to save energy. They can also reduce waste by recycling.**

はい。人々が気候変動を止めるためにできることはたくさんあります。例えば、人々はエネルギーを節約するために、使用していない機器のプラグを抜くことができます。また、リサイクルをすることによって、ごみを少なくすることもできます。

☐ **No. The effect that individual actions can make is little, so the government should make more efforts. For example, they should make global rules about using renewable energy.**

いいえ。個人の行動で与えることができる影響は少ないので、政府がもっと努力をするべきです。例えば、彼らは、再生可能エネルギーの使用についての国際的なルールを作るべきです。

Do you think people should buy environmentally friendly products?

人々は環境に配慮した製品を買うべきだと思いますか。

☐ **Yes. Global warming is becoming a serious problem, and people have to make efforts to stop it. In particular, people should stop buying too many plastic products in order to stop environmental pollution.**

はい。地球温暖化が深刻な問題となっており、人々はそれを止めるための努力をしなければなりません。特に、環境汚染を止めるために、人々はプラスチック製品を買い過ぎるのをやめるべきです。

☐ **No. Environmentally-friendly products are often more expensive than other products. For example, electric cars often cost more than gasoline-powered cars. We can be environmentally friendly in other ways, such as saving water and energy in our daily lives.**

いいえ。環境に配慮した製品は通常、ほかの製品よりも高価です。例えば、電気自動車はガソリン車よりも高いことが多いです。日常生活で水やエネルギーを節約するなど、ほかの方法で環境に配慮することはできます。

Do you think people spend enough time with their families these days?

最近の人々は、家族と過ごす時間を十分にとっていると思いますか。

☐ **Yes. Many parents can spend more time with their children thanks to new work habits, such as working from home or taking parental leave. Also, family members can contact each other online easily with their devices.**

はい。在宅勤務や育児休暇などの新しい仕事の慣習のおかげで、多くの親が子供と過ごす時間を持てるようになりました。また、家族のメンバーは、機器を使ってオンラインで簡単に連絡を取り合うことができます。

☐ **No. Communication between family members is becoming less and less. For example, parents cannot spend enough time with their children because both of them are working outside the home. Also, most children do not live with their grandparents anymore.**

いいえ。家族とコミュニケーションをとる機会が段々と少なくなっています。例えば、外で共働きをしているため、両親は子どもとの時間を十分にとることができません。また、ほとんどの子どもは祖父母と一緒に暮らすことがなくなっています。

Should people consider the amount of chemicals in food when making purchases?

購入時に、人々は食品に含まれる化学物質の量を考慮すべきでしょうか。

☐ **Yes. People should check what is inside the food, and try to choose natural or organic food. By doing this, people can lower the risk of negative effects from the chemicals in food.**

はい。人々は食べ物の中に何が入っているのかを確認して、自然食品やオーガニック食品を選ぶようにするべきです。こうすることによって、人々は食品に含まれる化学物質から悪影響を受ける危険性を減らすことができます。

☐ **No. Most chemicals are not harmful to humans, so there's no need to worry too much about them. Also, chemicals are necessary for food to stay fresh and last longer.**

いいえ。ほとんどの化学物質は人体に有害ではないので、心配し過ぎる必要はありません。また、化学物質は食品の鮮度を保ち、長持ちさせるために必要なものです。

Do you think people are influenced too much by social media these days?

近年、人々はソーシャルメディアによって影響され過ぎていると思いますか。

☐ **Yes. Nowadays, people on social media have a strong influence. However, sometimes the information from those people is unreliable. People should be more careful about who is sharing the information.**

はい。近ごろは、ソーシャルメディア上の人々が強い影響力を持っています。しかしながら、そうした人からの情報は信用できない場合もあります。人々は誰が情報を共有しているのかについて、もっと注意深くいるべきです。

☐ **No. People get information from various sources such as TV, newspapers, and books, not only from social media. Also, most people use social media nicely to share new ideas.**

いいえ。人々はソーシャルメディアだけではなく、テレビや新聞、本など、さまざまな媒体から情報を得ています。また、ほとんどの人は、新しいアイデアを共有するためにソーシャルメディアをうまくつかっています。

Do you think Japan should do more to support the development of AI and robot technology?

日本は、AIやロボット技術の開発を支援するために、もっと多くのことをすべきだと思いますか。

☐ **Yes. Our lives could become more convenient by developing AI and robot technology. Because it costs a lot of money to develop robots or AI, the government should take leadership in investing.**

はい。AIやロボット技術が発展することで、私たちの生活はより便利になる可能性があります。ロボットやAI技術の開発には多額の費用がかかるので、政府が主導して投資するべきです。

☐ **No. We should be more careful about the development of AI technology. As AI becomes more advanced, it might cause more problems with privacy and security. Therefore, the government needs to make rules to manage these risks.**

いいえ。AI技術の開発にはもっと慎重になるべきです。AIが進歩するにつれて、プライバシーやセキュリティの問題が増える可能性があります。そのため、政府は、これらの危険性を管理するための規則を設ける必要があります。

19

直前10分でいっき読み！

面接合格
サポートBOOK

Gakken